W0358707

ABC FLEURUS
Activités Bricolages Créations

Le livre d'activités pour toute l'année

FLEURUS
fleuruseditions.com

Sommaire

Introduction 5

CARNAVAL

Preux chevalier 12
Dame Guenièvre 14
Robin des bois 16
Conte de fées 18
Crapota la sorcière 20
En garde 22
Voyage en Chine 24
En piste ! 26
« Récup » en fête 28
En direct de Mars 30
Loup y es-tu ? 32
Miss citrouille 34
Loups déguisés 36
Anima-lunettes 38

PÂQUES

Poissons d'avril 42
Œufs déguisés 44
Croque en pâte 46
Petit train 48
Œufs cancan 50
Poules en pot 52
Couronnes à rubans 54
Nids d'oiseaux 56
Bougeoirs z'animés 58
Cartes de Pâques 60

Petits pots 62
Gertrude et Gédéon 64
Zoo de Pâques 66
Ânes volants 68

CADEAUX

Vases en fleurs 72
Porte-clefs 74
Cadres marins 76
Jolis pots 78
Porte-photos 80
Lumières du soir 82
Pendentif et broche 84
Colliers 85
Drôles de cadres 86
Papa, maman 88
Serre-livres 90
Tee-shirts décorés 92
Coquetteries 94
Bijoux tendresse 96
Boîtes en fête 98

ACTIVITÉS D'ÉTÉ

Courrier d'été 102
Jolis galets 104
Chamboule-tout 106
Boîtes à trésors 108
Cadres nature 110

À la pêche 112
Carnets souvenirs 114
En suspension... 116
Les copains 118
Drôles de dames 120
Oh mon beau bateau ! 122
Mon herbier 124
Tableaux en relief 126
Boîtes surprise 128

HALLOWEEN

Nuit des sorciers	132
Chauve-souris	134
Halloween masqué	136
Sorcière-araignée	138
Crapaud martien	139
Diable ou fantôme ?	140
Cartes rigolotes	142
Table hantée	144
Sorcières pince-tout	146
Citrouille surprise	148

Lueurs dans la nuit	150
Douces frayeurs	152
Ani-mobile	154
Chamboul'monstres	156
Citrouille pas bête	158

NOËL

Jours d'Avent	162
Crèche en couronne	164
Vœux en couleurs	166
Photophores	168
Bougeoirs de Noël	169
Sous les guirlandes	170
Senteurs épicées	172
Lutins coquins	174
En traîneau !	176
Boules déguisées	178
Petits cadeaux	180
À vos cadres !	182
Bougies en fête	184
Père Noël	186
Couronnes des rois	188

Patrons	191

Introduction

Ce livre propose aux enfants de 6 à 10 ans 300 idées de bricolages, maquillages, déguisements et accessoires à réaliser facilement seul, en famille ou à l'école.

Il est divisé en 6 chapitres pour créer tout au long de l'année : Carnaval, Pâques, cadeaux (pour les fêtes des mères et des pères), activités d'été, Halloween et Noël. Chaque chapitre est identifiable par une couleur, reprise sur chaque page.

Les modèles proposés sont réalisés avec divers matériaux : papier, carton, tissu, mousse, feutrine, etc. et ne demandent pas un budget très élevé. Sur chaque page, le matériel utilisé est présenté dans un encadré de la couleur du chapitre : ainsi, il se détache bien et il est facilement repérable.

S'installer confortablement en protégeant le plan de travail avec du papier journal ou une toile cirée. Pour les activités de peinture, porter de vieux vêtements ou un tablier. Certaines réalisations nécessitent l'utilisation d'un cutter, d'une pince coupante ou d'un marteau. Dans ces cas, l'intervention d'un adulte est requise.

Les repères

Sur chaque page, le niveau de difficulté, la durée et le coût de l'activité sont représentés par un, deux ou trois pictogrammes. Les niveaux de difficulté et de durée sont donnés à titre indicatif et dépendent de la maturité et de la dextérité de l'enfant.

MOINS D'1/2 HEURE

1/2 HEURE À 1 HEURE

PLUS D'1 HEURE

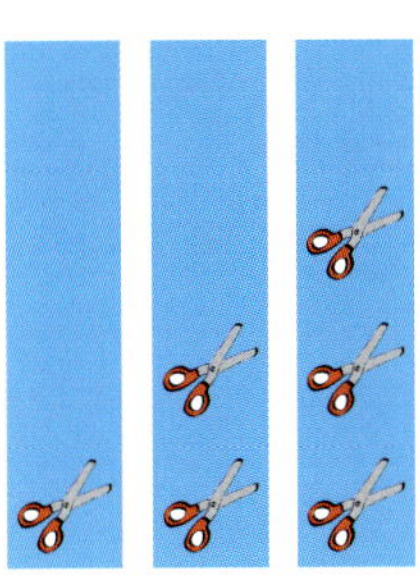

TRÈS FACILE

FACILE

ÇA SE COMPLIQUE

PAS CHER DU TOUT

PAS CHER

UN PEU PLUS CHER

Matériel et conseils

Le matériel utilisé dans ce livre est facile à se procurer. Il se trouve aisément dans les magasins de loisirs créatifs, les papeteries ou les grandes surfaces.

La « récup »

Plusieurs modèles sont réalisés avec des matériaux de récupération. Penser à mettre de côté du carton, des boîtes d'emballage, des rouleaux d'essuie-tout ou de papier toilette, des pots de yaourts, des chutes de tissu, etc. pour créer des bricolages à moindre coût.

Les peintures

La gouache, facilement lavable, est particulièrement adaptée aux enfants. Cependant, sur l'argile, la pâte à modeler autodurcissante ou les supports lisses, l'acrylique ou la peinture tous supports sont plus faciles à appliquer et donnent de meilleurs résultats. Pour les décors sur tissu, utiliser une peinture spécialement adaptée. Bien laisser sécher entre les étapes. Passer deux couches de peinture si nécessaire.

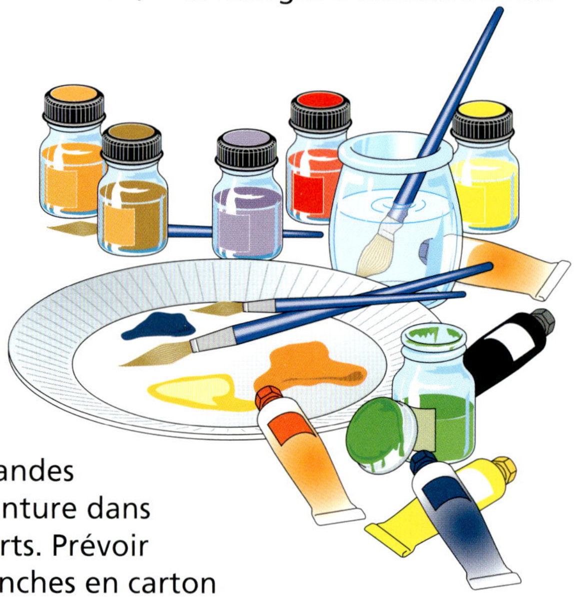

Conserver des bouteilles en plastique et des pots de yaourts. Recouper les bouteilles pour obtenir des pots à eau. Mélanger les grandes quantités de peinture dans les pots de yaourts. Prévoir des assiettes blanches en carton pour les mélanges en petites quantités. Ces palettes jetables évitent les séances de nettoyage.

Les colles

La plupart des bricolages sont réalisés avec de la colle universelle ou blanche.
Pour les collages simples de papier ou de carton, la colle d'écolier en bâton est très bien adaptée.
Pour la mousse et le polystyrène, utiliser de préférence une colle gel sans solvant qui ne rongera pas la matière.

Pour certains matériaux (galets, bois ou tissu), il est préférable d'utiliser de la colle adaptée au support.

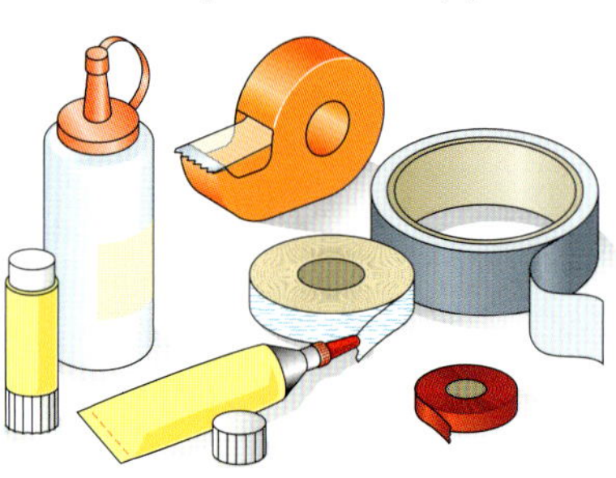

Les adhésifs

Adapter le scotch au support. Le scotch ordinaire convient au papier. Pour le carton épais, utiliser de préférence du scotch large toilé. Le scotch double-face permet de fixer un élément sans être visible. Le ruban adhésif de couleur est plutôt décoratif.

Comment reporter un patron

1 Poser une feuille de papier calque ou de papier très fin sur le modèle à reproduire. Au besoin, le fixer avec du scotch repositionnable. Puis, tracer le contour par transparence au crayon ou au feutre fin.

2 Découper le patron aux ciseaux en procédant très délicatement pour les détails. Si certaines parties doivent être évidées, utiliser des ciseaux ou au besoin, demander à un adulte de les découper au cutter.

3 Poser le patron en calque ou en papier fin sur le support choisi (carton, mousse, feutrine, papier de couleur, etc.). Dessiner le contour avec un crayon à papier ou un feutre fin et découper aux ciseaux ou au cutter selon le tracé.

Demi-patron

Certains modèles présentent des demi-patrons : le milieu est représenté en pointillés.

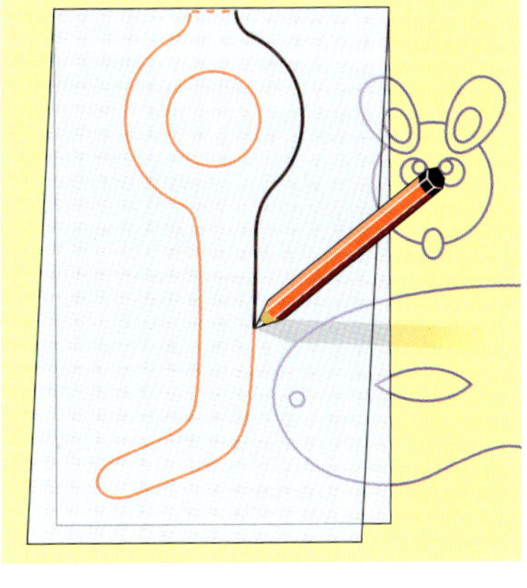

1 Plier une feuille de papier calque ou de papier très fin en deux. La poser sur le modèle à reproduire en superposant la pliure et les pointillés du patron. Tracer le contour du modèle par transparence au crayon à papier ou au feutre fin.

2 Découper les deux épaisseurs de calque ou de papier en même temps. Déplier. Poser le patron sur le support choisi et tracer ses contours.

Les patrons sont donnés à taille réelle, mais pour certaines réalisations ils devront être agrandis. Dans ce cas, utiliser un quadrillage ou agrandir à la photocopieuse. Les patrons sont regroupés en fin d'ouvrage pages 191 à 207 et repérables sur un fond jaune clair. Si l'activité nécessite un patron, son utilisation et la page où il apparaît sont clairement mentionnées en fin de liste de matériel.

Maquillage

Les précautions

S'assurer que la peau n'est pas allergique au maquillage en appliquant la veille une touche d'essai sur le poignet.
Avant de commencer, enfiler le haut du vêtement qui va avec le maquillage et protéger l'encolure avec une serviette. Coiffer les cheveux en arrière.
Appliquer le maquillage sur une peau propre et sèche.

S'assurer d'un bon éclairage et bien s'installer avec tout le matériel à portée de la main : produits de maquillage, verre d'eau pour rincer pinceaux et éponges, coton, Coton-Tige et miroir.

Enlever le maquillage avec un gant de toilette ou du coton, de l'eau et du savon. Terminer éventuellement avec du démaquillant et une crème hydratante.

Les fards à l'eau

En palette, en tube ou en boîte, les fards à l'eau sont faciles à utiliser. De plus, ils ne tachent pas et ont une bonne tenue. Ils s'appliquent avec un pinceau ou une éponge humide spéciale maquillage.
Les couleurs peuvent être mélangées pour obtenir de nombreuses teintes.

Recette de la pâte à sel

Les ingrédients

S'installer sur une surface propre et sèche et, au besoin, la recouvrir de papier sulfurisé. Pour réaliser la pâte à sel, préparer :

- 2 verres de farine
- 1 verre de sel fin
- 1 verre d'eau

La pâte

Dans un saladier, verser la farine et le sel. Ajouter l'eau petit à petit en remuant pour obtenir la consistance d'une pâte à tarte ferme et souple.

Les formes

Boule : rouler la pâte entre les mains. **Fond** : étaler la pâte au rouleau. **Boudin** ou **colombin** : rouler la pâte sur la table avec les mains.
Pour coller les éléments ensemble, appliquer de l'eau avec un pinceau.

Cuire et colorer

Poser le modèle sur la plaque du four recouverte d'aluminium. Cuire à four doux de 30 mn à 2 h selon la taille du modèle.
Peindre à la gouache ou à la peinture acrylique, avec un pinceau large pour le fond et un pinceau plus fin pour les détails.

Modelage

Pour toutes les activités de modelage, il est conseillé de protéger le plan de travail.

Boudin :

Rouler un morceau de pâte sur la table avec les 2 mains.

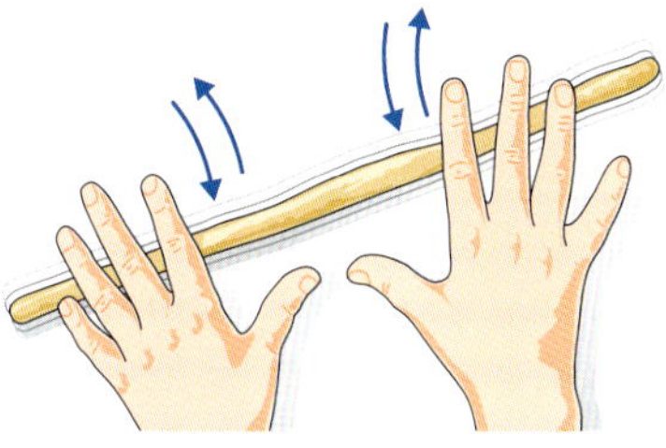

Cône :

Modeler un boudin, puis continuer à le rouler avec le bout des doigts à l'une de ses extrémités.

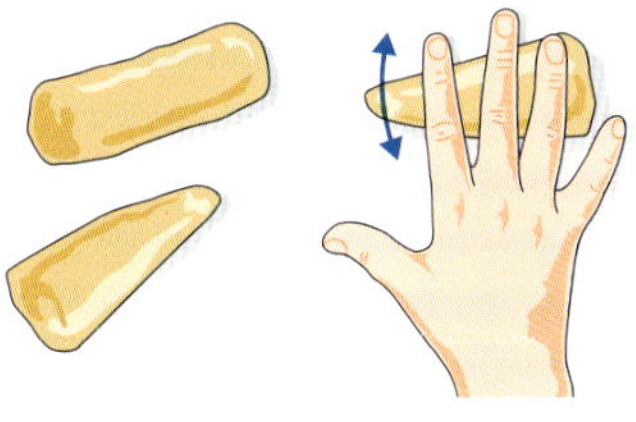

Plaque :

Étaler une boule de pâte au rouleau sans trop appuyer pour pouvoir la décoller facilement. On peut ensuite y découper des éléments avec un couteau à bout rond.

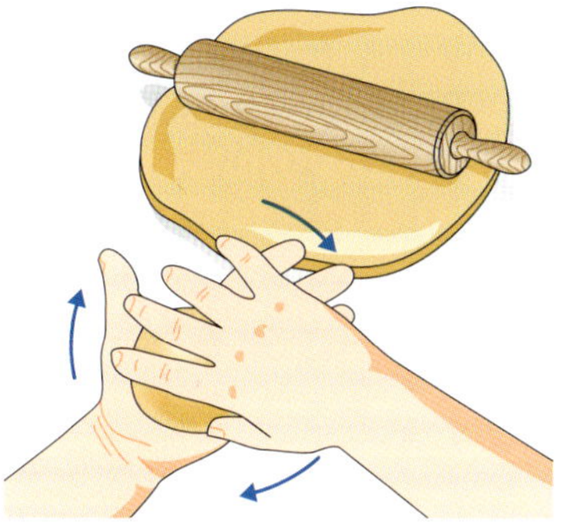

Boules et boulettes :

Prélever une quantité de pâte variable selon la taille de la boule désirée. Bien rouler la pâte entre ses mains pour l'arrondir petit à petit.

Assembler les formes

Pour souder les éléments en pâte à modeler autodurcissante, déposer quelques gouttes d'eau sur les parties à assembler. Presser légèrement et lisser avec le doigt pour effacer la trace du raccord.

Tracer un grand cercle

Pour faire un grand compas, attacher un crayon, un stylo à bille ou une craie au bout d'une ficelle fine. Mesurer sur la ficelle le rayon du cercle à tracer et nouer la ficelle autour d'une épingle. Tenir l'épingle piquée sur le support choisi. Tracer le cercle.

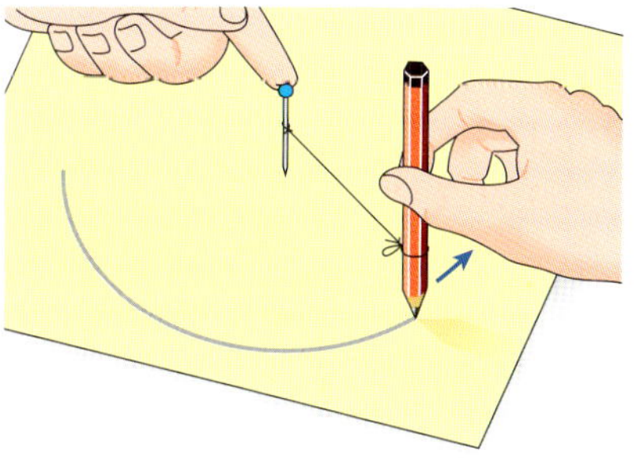

« Coudre » sans coutures

Les modèles réalisés avec du tissu n'exigent pas de coutures : on « surfile » avec du scotch et on assemble avec de la colle ou des agrafes.

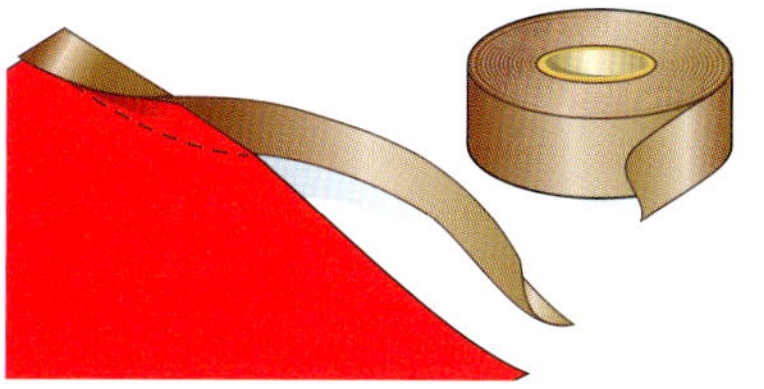

Le Carnaval approche… c'est le moment idéal pour changer d'apparence et surprendre ses proches ! Ce livre propose de nombreuses idées originales et faciles à réaliser pour se déguiser de la tête aux pieds.

Les enfants vont apprendre à fabriquer leurs costumes tout seuls à partir de matériaux simples. Crépon, feutrine, tissu ou carton s'habillent de toutes les couleurs et s'assemblent sans couture.

Quel rêve de devenir le temps d'une fête princesse ou chevalier, sorcière ou mousquetaire, clown, martien ou bien citrouille !

Carnaval

Preux chevalier

Matériel

carton de récupération épais, carton ondulé gris, papier, crayon à papier, règle, ficelle, aiguille à tricoter, peinture, pinceau, ciseaux, cutter, colle, ruban adhésif de couleur.

1 Suivant le croquis, dessiner le heaume au dos d'un carton ondulé. Découper.

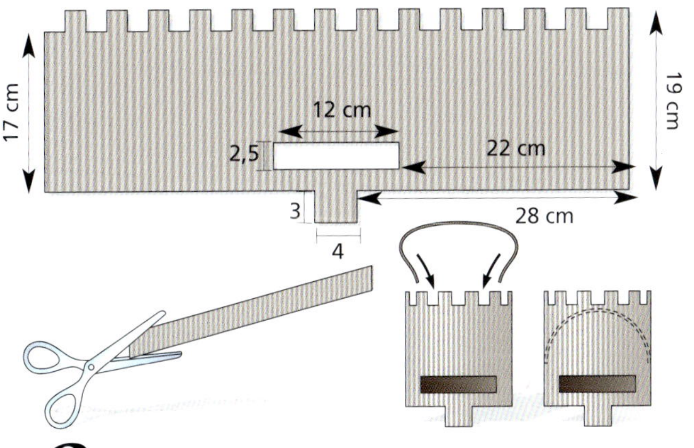

2 Coller le heaume en l'ajustant à la taille de la tête. Couper une bande de carton ondulé de 2 x 20 cm. La scotcher à l'intérieur du heaume pour qu'il tienne sur la tête.

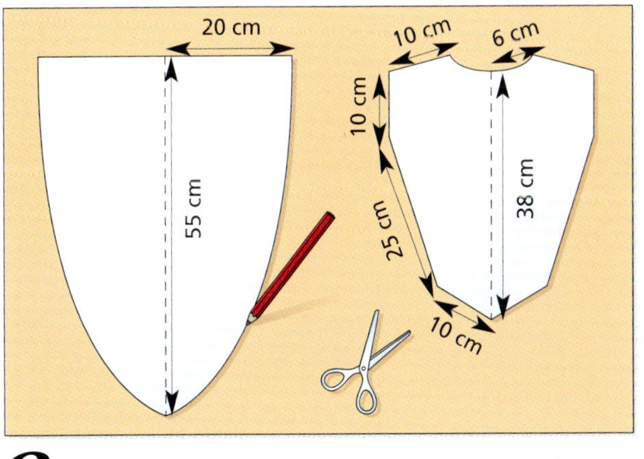

3 Plier une grande feuille en deux. À partir de la pliure, dessiner la moitié des patrons du bouclier et du plastron. Découper et déplier. Reporter chaque patron entier sur du carton épais.

4 Les faire découper au cutter par un adulte. Peindre en gris en laissant sécher entre chaque face. Dessiner des armoiries au crayon. Peindre et laisser sécher. Border les côtés avec du ruban adhésif de couleur.

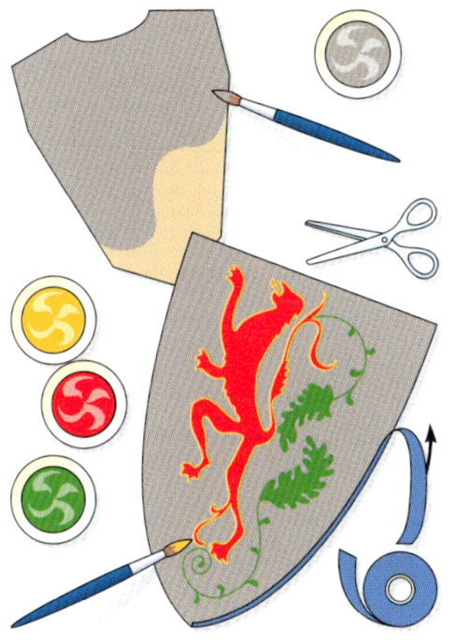

5 Couper une bande de carton ondulé de 4 x 25 cm. Suivant le dessin, scotcher les 2 extrémités au milieu du dos du bouclier en laissant de l'espace pour passer la main.

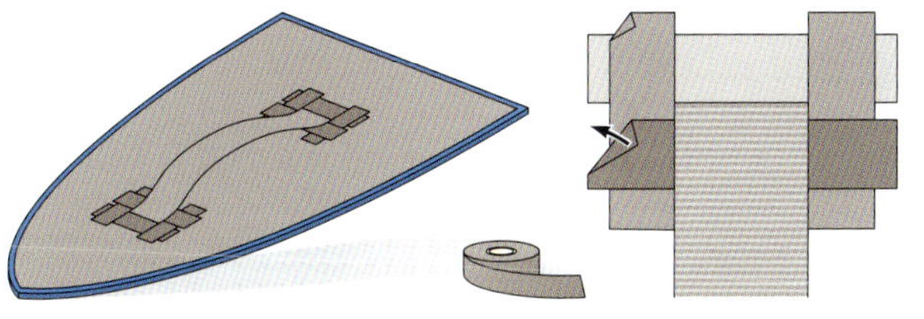

6 Percer 8 trous sur le plastron avec une aiguille à tricoter. Couper 2 ficelles de 50 cm. Les passer dans les trous. Nouer les extrémités.

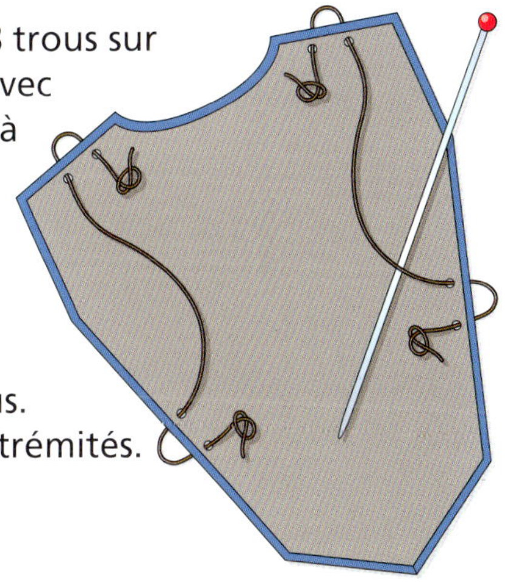

7 Dessiner l'épée sur du carton épais. La faire découper au cutter par un adulte. Border les côtés avec du ruban adhésif. Peindre.

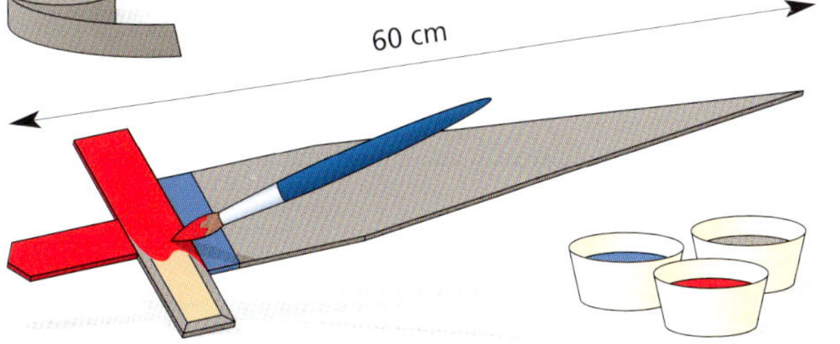

Dame Guenièvre

Matériel

papier épais de couleur, tissus légers, collant fantaisie blanc à la taille de l'enfant, tulle, ruban blanc, épingles à nourrice, grand compas (voir p. 9), règle, ruban adhésif de couleur, colle, agrafeuse, ciseaux.

1 Pour le chapeau, tracer un quart de cercle de 50 cm de rayon sur du papier épais. Découper. Former et coller un cône à la taille de la tête. Border le bas avec du ruban adhésif.

2 Découper un rectangle de tulle de 60 x 300 cm environ. Le plier en deux. Agrafer le milieu de la pliure à la pointe du chapeau.

3 Pour la robe, découper 2 rectangles de tissu. Les border de ruban adhésif.

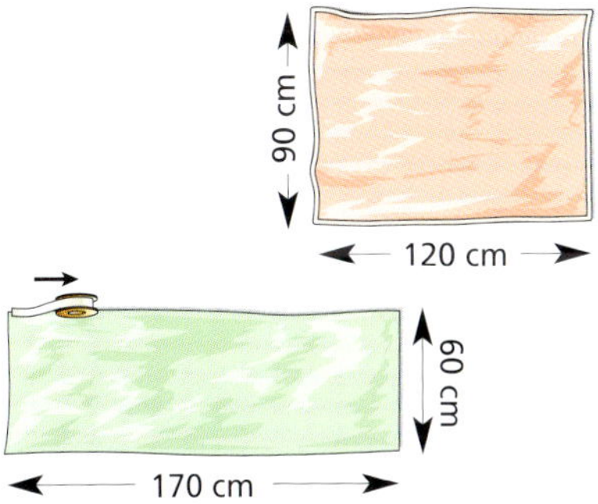

4 Couper un collant aux chevilles et à l'entrejambe.

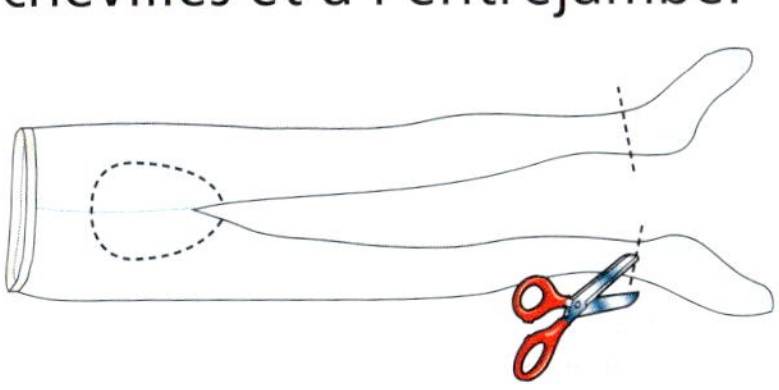

5 Enrouler le premier rectangle de tissu autour de la poitrine. L'attacher dans le dos avec 2 épingles à nourrice. Couper 2 bretelles de ruban de 40 cm. Les agrafer sur le tissu.

6 Enfiler le collant, la tête dans le trou du milieu, les bras dans chaque jambe et l'élastique par-dessus le tissu. Bander la poitrine avec le second rectangle de tissu plié en trois dans la longueur. Nouer dans le dos.

Robin des bois

Matériel
feutrine : verte et marron, plume, allumettes géantes ou brochettes en bois, longue branche souple, ficelle, craie, grand compas (voir p. 9), colle pour tissus, règle, stylo à bille, ciseaux.

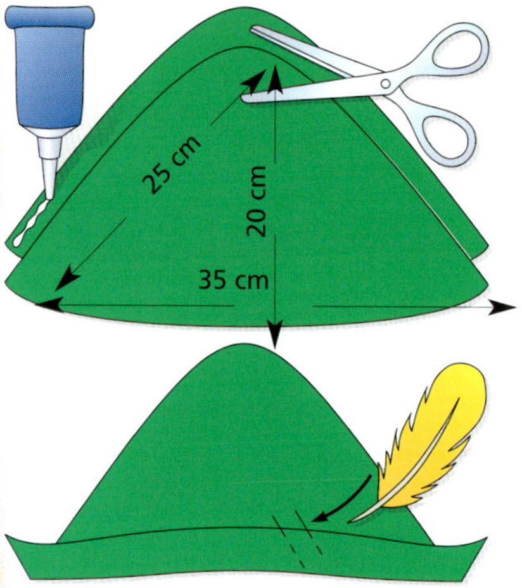

1 Sur de la feutrine verte, tracer 2 triangles arrondis identiques au stylo à bille. Les découper. Coller sur 2 côtés et laisser sécher.
Retourner le chapeau et relever le bas. Sous le rebord, au milieu d'un côté, faire 2 petites fentes et y passer une plume. Si nécessaire, ajouter quelques points de colle sous le rebord pour le faire tenir.

2 Pour la tunique, couper un rectangle de 70 x 130 cm. Le plier en deux. Reporter le patron en suivant le dessin. Découper. Coller les côtés et laisser sécher (ou les agrafer et retourner la tunique).

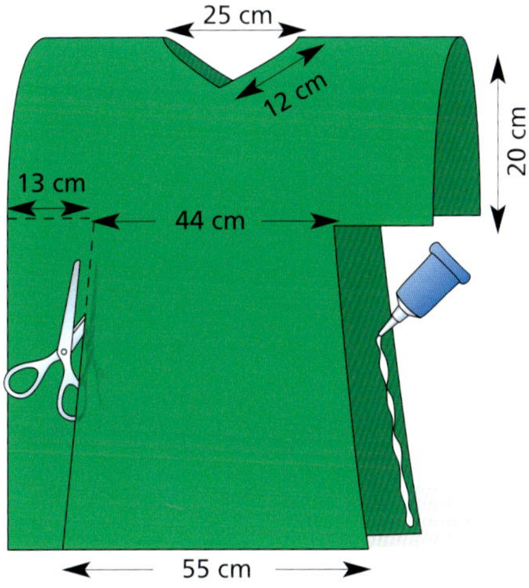

3 Plier en deux un carré de feutrine marron de 54 cm de côté. À partir du milieu de la pliure, tracer 2 demi-cercles à la craie : un de 10 cm de rayon et un de 27 cm de rayon. Découper.

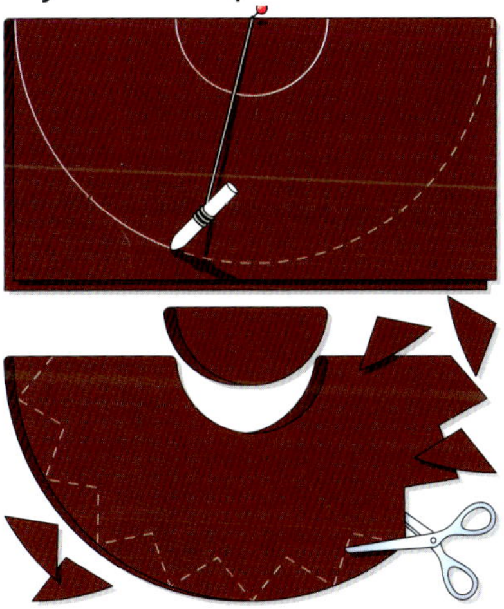

4 Tracer et découper tout autour des triangles de 4 cm de côté. Ajuster les encolures de la tunique et de la collerette à la taille de la tête. Coller l'encolure de la collerette sur la tunique.

5 Pour la ceinture-carquois, découper une bande de feutrine marron de 10 x 170 cm environ. Replier une extrémité sur 25 cm et coller les 2 côtés. Laisser sécher.

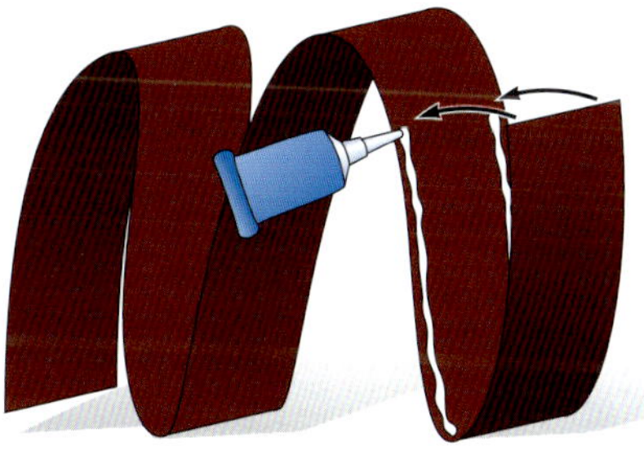

Découper des triangles de feutrine de 4 cm de côté. Coller l'extrémité de chaque allumette géante entre 2 triangles de feutrine.

Arc et flèches

Couper une ficelle de la même longueur que la branche. Attacher la ficelle à chaque extrémité de la branche en faisant plusieurs nœuds.

Conte de fées

Matériel

papier crépon fort : blanc, argenté et de couleur, tee-shirt blanc, carton souple, papier fin ou calque, baguette de bois, règle, ciseaux, scotch double-face, agrafeuse, colle, patrons page 191.

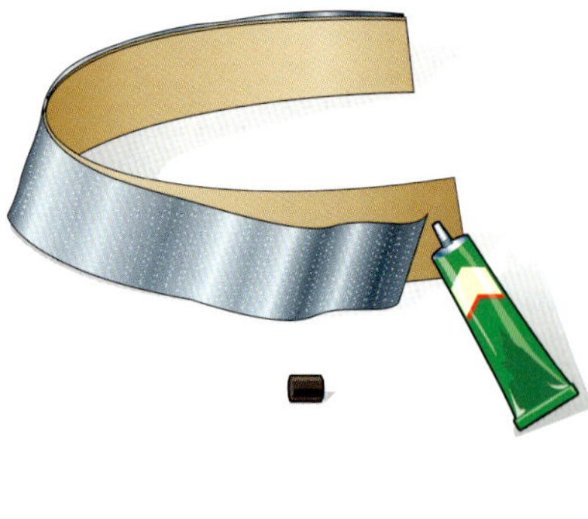

1 Froncer et agrafer toute la longueur d'un rouleau de crépon blanc pour obtenir une jupe un peu plus large que le tour de taille. Découper une ceinture de 8 cm de large dans du carton souple. Recouvrir de crépon argenté.

2 Découper des pétales de crépon de différentes couleurs (patron p. 191). Coller du scotch double-face en haut de chaque pétale.

3 En commençant par le bas de la jupe, coller les pétales en les faisant se chevaucher. Coller la ceinture. À l'habillage, demander à un adulte d'agrafer la ceinture dans le dos.

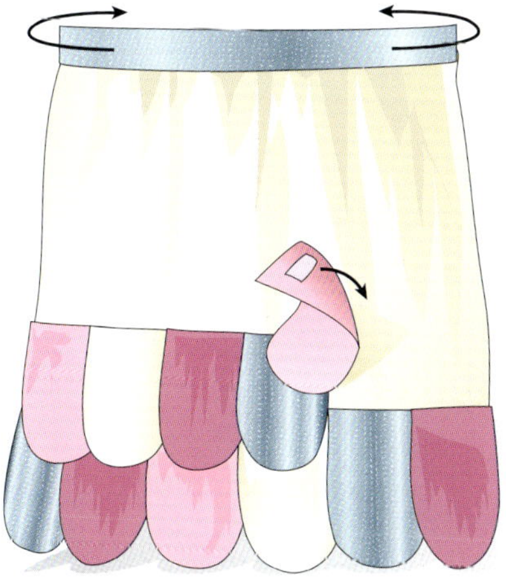

4 Découper et coller du crépon rose sur une bande de carton souple de 3 x 60 cm. Découper des petites étoiles en carton (patron p. 191). Les recouvrir de crépon. Les coller sur la bande. Ajuster à la taille de la tête et agrafer.

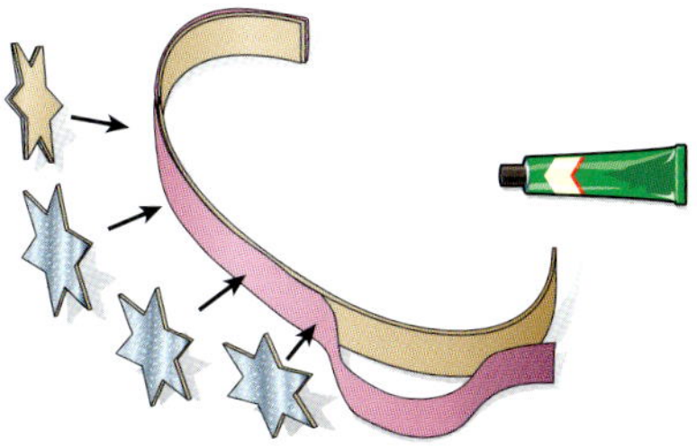

Avec du crépon doré, jaune et blanc, des bracelets et une couronne, la fée se transforme en séduisante princesse !

5 Coller 2 grandes étoiles de crépon argenté (patron p. 191) de part et d'autre d'une étoile en carton. Couper de fines bandes de crépon de couleur. Scotcher les bandes et une baguette de bois recouverte de crépon argenté sur l'étoile.

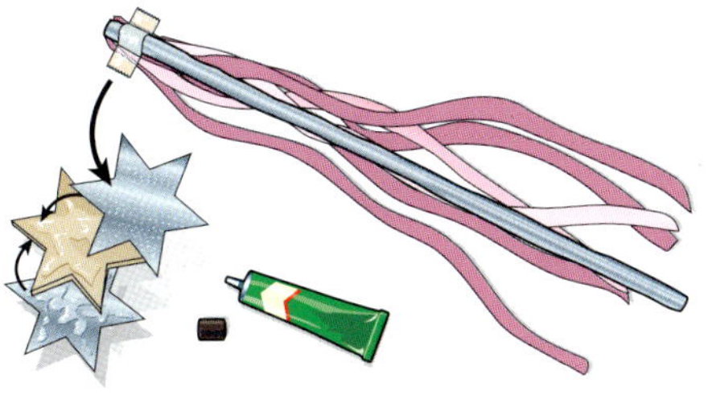

6 Tracer et découper 3 grandes étoiles dans du papier crépon argenté. Les fixer sur un tee-shirt avec du scotch double-face.

Crapota la sorcière

Matériel

papier épais noir, papiers de couleur, crayon, papier fin, brochette en bois, grand compas (voir p. 9), règle, ciseaux, colle, rubans adhésifs de couleur, chaussettes rouges, patrons pp. 192-193.

1 Tracer sur du papier épais noir un quart de cercle de 30 cm de rayon sans pointe en haut (p. 9). Découper. Former un cône et le coller. Dans le même papier noir, découper un cercle de 20 cm de rayon. À partir du centre, tracer un second cercle de 9 cm de rayon. Le découper pour obtenir un anneau.

2 Faire des languettes de 2 cm à l'intérieur de l'anneau. Les replier. Fixer l'anneau sur le cône en scotchant les languettes à l'intérieur du chapeau.

3 Reporter le patron de la tête et des pattes de la grenouille sur du papier vert. Découper. Reporter et découper les yeux et les narines.

4 Coller les yeux et les narines sur la tête. Fixer les pattes sous la tête. Coller la grenouille sur le chapeau.

5 Reporter le patron du hibou sur du papier bleu. Découper. Reporter et découper tous les éléments du hibou. Les coller, laisser sécher.

6 Scotcher le hibou sur une brochette pour le tenir à la main.

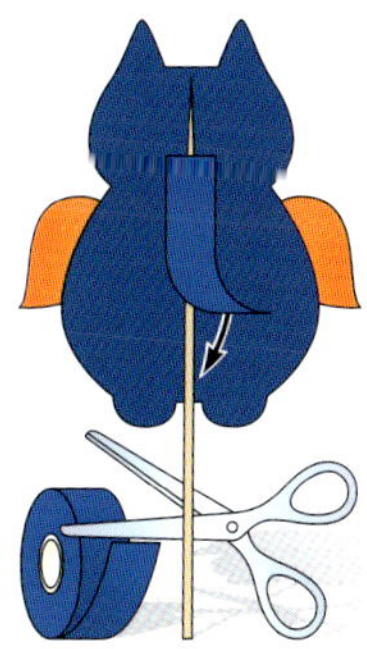

7 À l'habillage, coller des bandes de ruban adhésif sur des chaussettes rouges.

En garde !

Matériel

papier fort noir, carton épais, tissu et feutrine noirs, tuteur, crayon, compas, règle, grand compas (voir p. 9), aiguille à tricoter, peinture, pinceau, ciseaux, colle, ruban adhésif noir, craie.

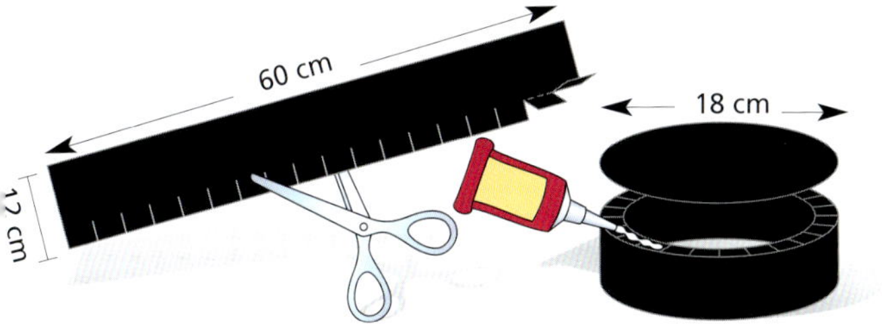

1 Pour le chapeau, couper une bande de papier fort. Découper des languettes de 2 cm sur une longueur. Les replier. Découper un cercle. Coller le cercle sur les languettes.

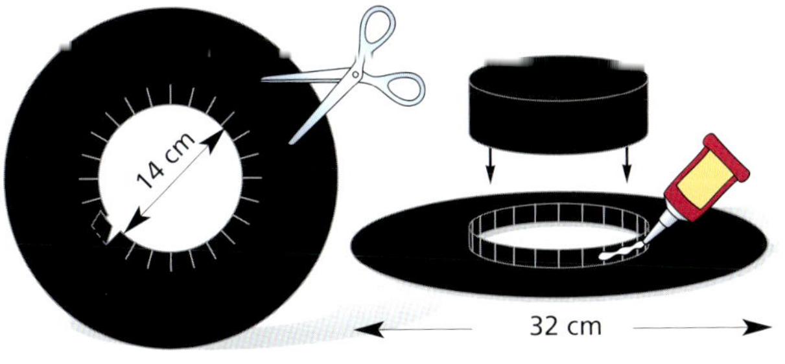

2 Tracer et découper un anneau. Découper à l'intérieur des languettes de 2 cm. Les replier et les coller à l'intérieur de la bande.

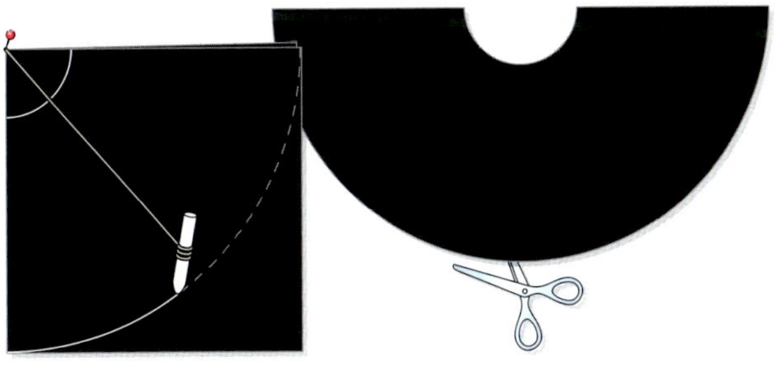

3 Plier en deux un rectangle de tissu de 70 x 140 cm. Tracer à la craie un quart de cercle de 10 cm de rayon et un second de 70 cm de rayon. Découper et déplier.

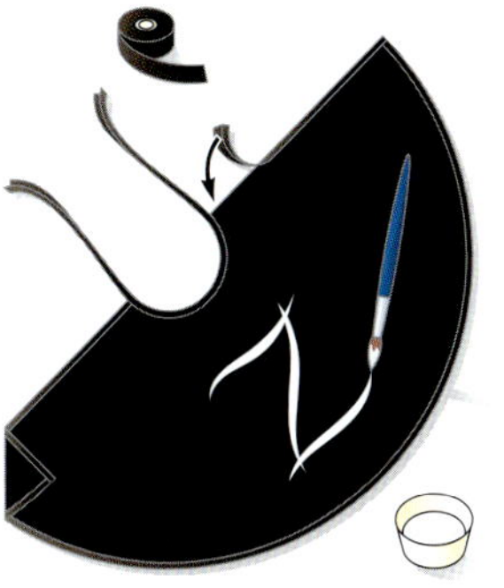

4 Border cette cape avec du ruban adhésif. À l'encolure, laisser dépasser le ruban adhésif de 20 cm de chaque côté avant de le replier. Peindre un grand Z. Laisser sécher.

5 Peindre un tuteur. Découper un cercle en carton de 6 cm de rayon. Percer le centre avec une aiguille à tricoter. Peindre et laisser sécher. Passer le tuteur dans la rondelle en forçant un peu.

6 Pour le bandeau, plier en deux une bande de feutrine de 5 × 80 cm. Demander à un adulte de découper un œil à 1 cm de la pliure.

Une cape rouge ornée d'une croix, un chapeau marron à large bord agrémenté d'une grande plume... et Zorro se transforme en un magnifique mousquetaire !

Voyage en Chine

Matériel

feutrine de couleur, chute de tissu à motifs, carton souple, papier fort jaune, rubans de couleur, craie de couturière, compas, grand compas (voir p. 9), règle, colle, colle pour tissus, scotch fort, ciseaux.

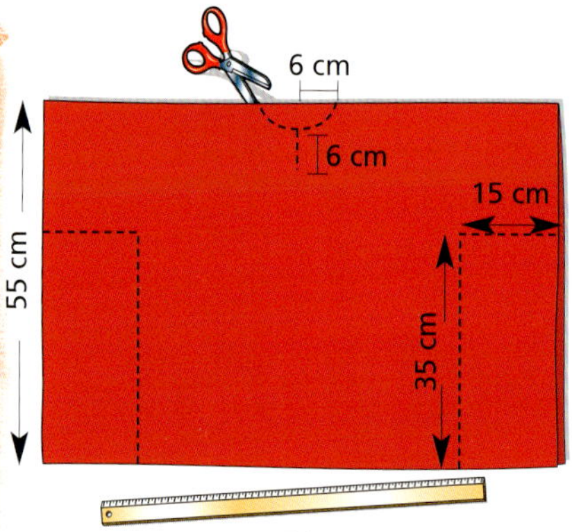

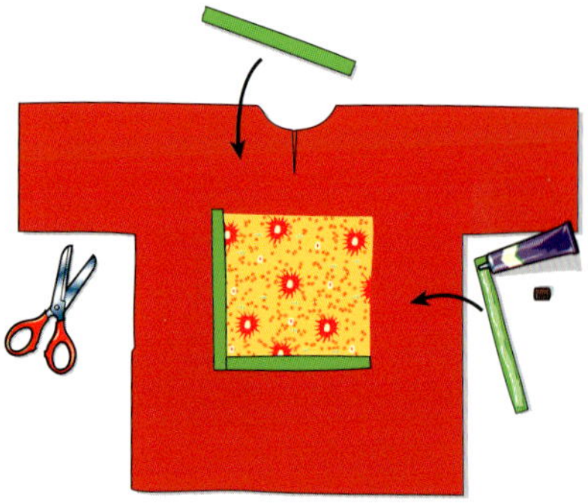

1 Pour la tunique, découper un rectangle de feutrine de 80 × 110 cm. Le plier en deux. Tracer et découper l'encolure au milieu de la pliure. Couper 2 rectangles sur les côtés.

2 Coller les côtés (ou les agrafer et retourner ensuite la tunique). Coller sur le devant un carré de tissu de 15 cm de côté. Coller tout autour 4 bandes de feutrine de 2 × 17 cm. Laisser sécher.

3 Chapeau à natte : découper un cercle et une bande de carton souple. Scotcher la bande autour du cercle. Découper et coller un cercle de feutrine noire et une bande de feutrine rouge aux dimensions de ceux en carton. Coller un ruban noir de 55 cm au milieu de la bande rouge.

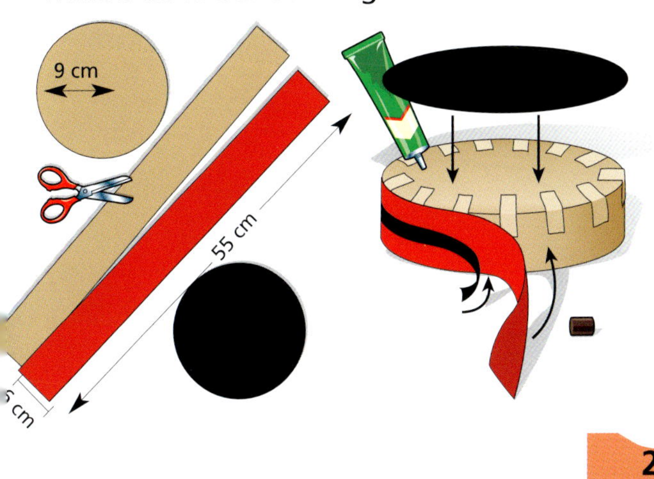

4 Scotcher des brins de laine noire de 50 cm à l'intérieur du chapeau. Faire une natte. Nouer un ruban.

5 Chapeau jaune : découper un cercle de 25 cm de rayon dans du papier fort jaune. Faire une découpe jusqu'au centre. Former et coller en cône. Fixer 2 morceaux de ruban de 50 cm de chaque côté à l'intérieur.

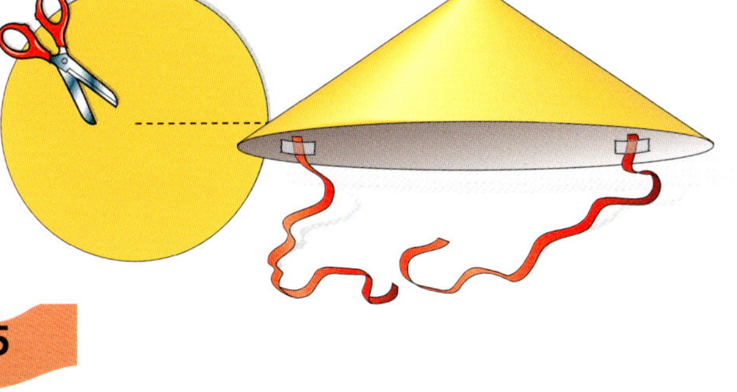

En piste !

Matériel

carton ondulé de couleur ou préalablement peint, carton épais, vieux pantalon large, chutes de tissus, bolduc, peinture, pinceau, cordelière, élastique, gommettes, crayon, compas, règle, aiguille à tricoter, ciseaux droits, ciseaux cranteurs, scotch, colle, colle pour tissus, agrafeuse.

1 Découper des pièces de tissus avec des ciseaux cranteurs. Les coller sur le pantalon.

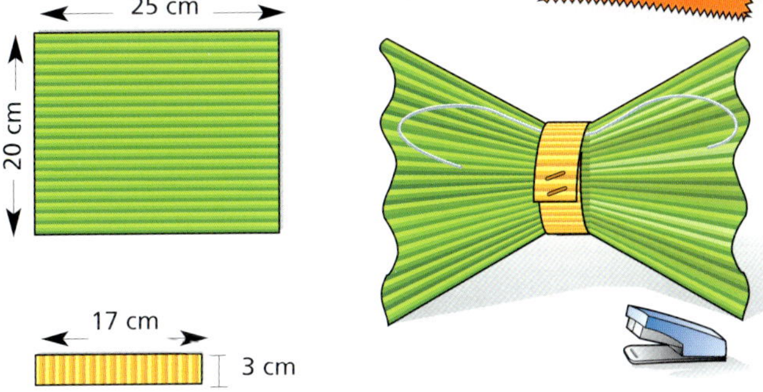

2 Pour le nœud papillon, découper un rectangle et une bande de carton ondulé. Resserrer le rectangle au milieu. Agrafer la bande autour. Passer un élastique plus long que le tour du cou sous la bande.

3 Couper un demi-cercle de carton ondulé de 18 cm de rayon. Agrafer en cône. Coller des gommettes et scotcher du bolduc à l'intérieur du cône. Agrafer un élastique.

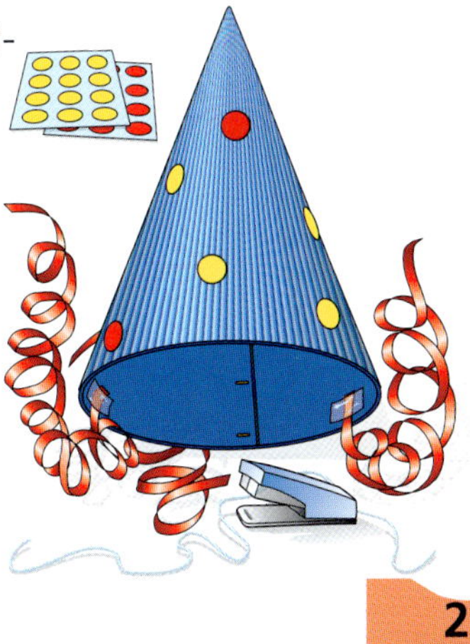

4 Dans du carton ondulé, couper 2 boutons de 3 cm de rayon et 2 bretelles de 7 cm de large ajustées à la taille du buste. Coller les boutons sur les bretelles. Laisser sécher.

5 Faire 4 trous dans les boutons et 2 trous à la ceinture du pantalon. Passer une cordelière de 35 cm dans les trous. Nouer à l'intérieur du pantalon. Croiser les bretelles dans le dos et les agrafer sur le pantalon à l'habillage.

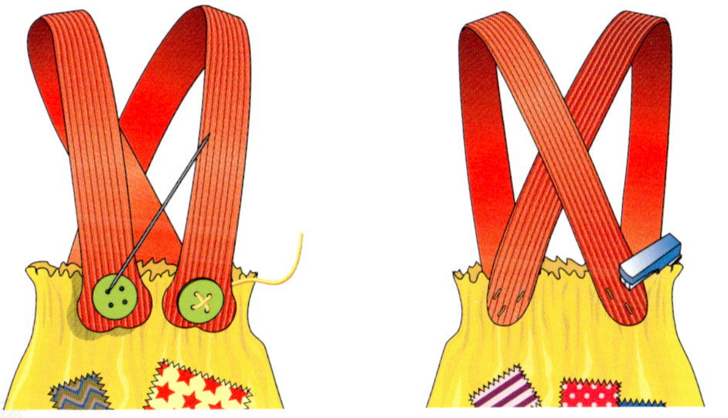

6 Découper 2 grandes semelles en carton épais et 2 rectangles de carton ondulé plus larges que les semelles. Découper un arrondi. Agrafer tout autour de la semelle en laissant de l'espace pour le pied. Découper ce qui dépasse. Faire 6 trous avec une aiguille à tricoter. Passer une cordelière et nouer.

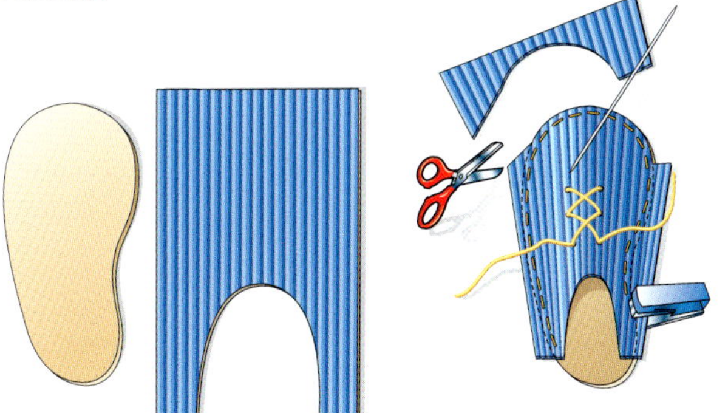

"Récup" en fête

Matériel

12 rouleaux d'essuie-tout, 6 rouleaux de papier toilette, carton épais, carton ondulé rouge, papiers de couleur, ficelle, pinces à linge, crayon à papier, peinture, pinceau, règle, agrafeuse, ciseaux, cutter.

1 Découper tous les rouleaux en suivant la ligne de découpe du carton. Les recouper pour faire 3 « ressorts » par rouleau. Agrafer les ressorts deux par deux. Les accrocher sur un fil tendu avec des pinces à linge. Peindre les grands ressorts de différentes couleurs et les petits en rouge. Laisser sécher.

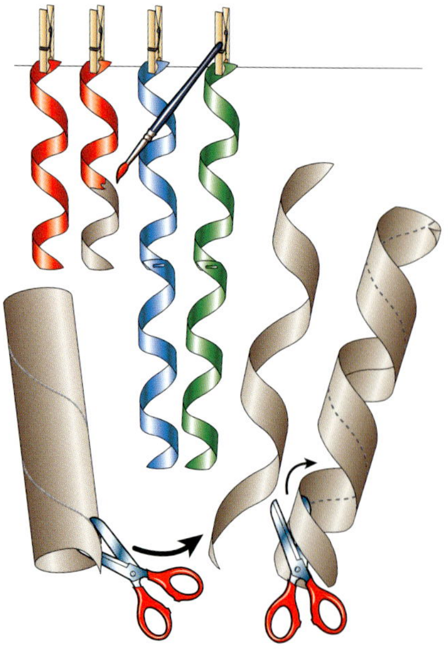

2 Mesurer le tour de taille. Découper une bande de carton ondulé rouge un peu plus longue et de 10 cm de large. Agrafer dessus les 12 grands ressorts en alternant les couleurs.

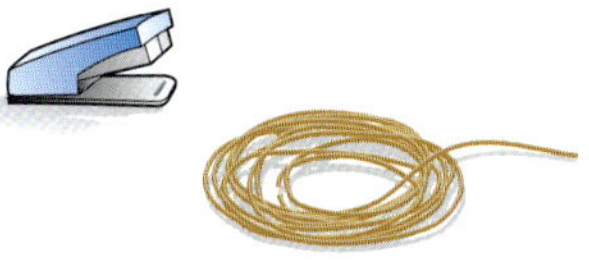

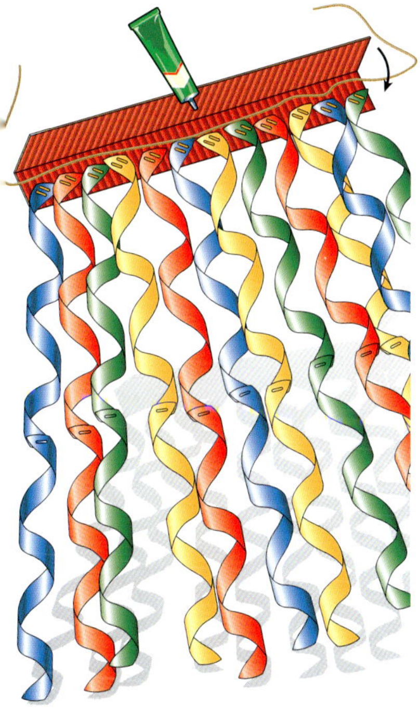

3 Plier la bande en deux dans la longueur. Couper une ficelle de la longueur de la bande + 30 cm. Placer la ficelle dans la pliure. Coller la bande.

4 Suivant le croquis ci-contre, dessiner le plastron sur le carton en l'adaptant à la hauteur du buste. Demander à un adulte de le découper au cutter.

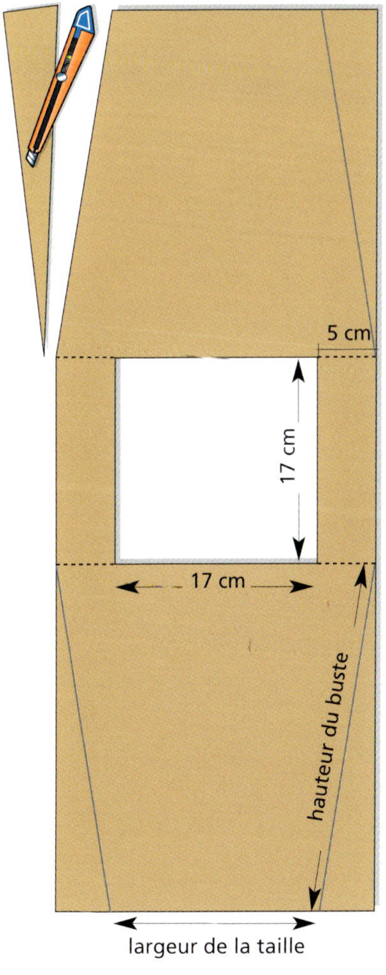

5 Peindre le carton en vert. Laisser sécher. Découper des ronds jaunes et rouges en papier. Les coller sur le plastron. Peindre des pois bleus. Laisser sécher.

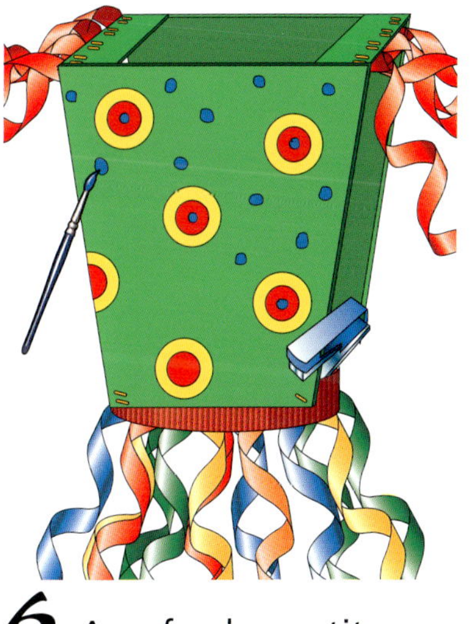

6 Agrafer les petits ressorts sous les épaules. Plier le plastron. À l'habillage, nouer la ficelle dans le dos et faire agrafer le plastron sur la ceinture.

En direct de Mars

Matériel

papiers adhésifs de couleur, carton souple, papier rouge, bonnet et gants en caoutchouc, compas, grand compas (voir p. 9), règle, ciseaux.

1 Tracer et découper dans du carton souple 2 cercles de 25 cm de rayon. Tracer et découper 2 autres cercles dans de l'adhésif jaune. Coller les cercles jaunes sur ceux en carton. Découper des ronds de différentes tailles dans de l'adhésif rouge et noir.

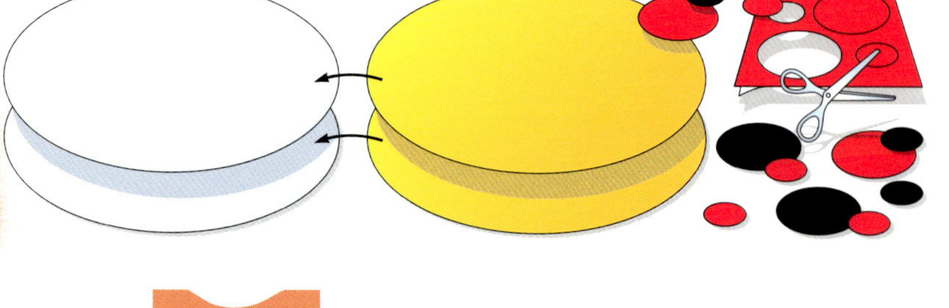

2 Coller les ronds rouges et noirs sur les cercles jaunes en superposant les petits ronds sur les grands.

3 Découper environ 18 bandes adhésives rouges et 18 bandes adhésives noires de 4 × 10 cm. Coller une première bande sur le bord d'un cercle jaune. Retourner le cercle et coller au dos de la bande une seconde bande de même couleur. Alterner les 2 couleurs tout autour du cercle.

4 Couper 4 bandes adhésives de 3 × 25 cm pour les bretelles. Les coller deux par deux en reliant les 2 cercles.

5 Découper des ronds d'adhésif rouge. Les coller sur des gants en caoutchouc.

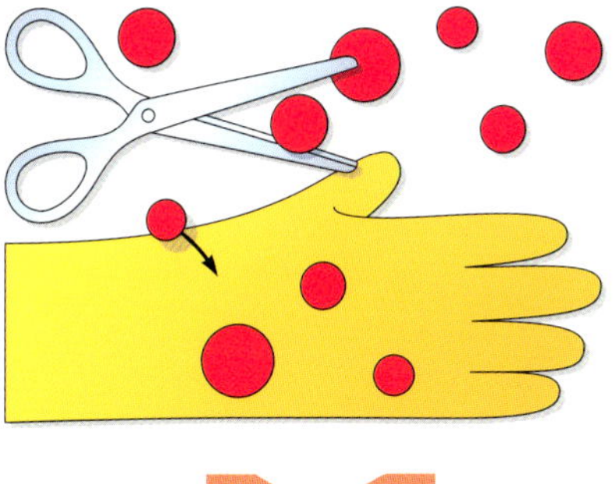

6 Découper 3 formes dans l'adhésif rouge. Les coller sur du papier rouge. Découper le papier en suivant les contours des formes. Faire une fente en haut et de chaque côté d'un bonnet. Enfiler les formes dans les fentes. Fixer à l'intérieur du bonnet avec de l'adhésif.

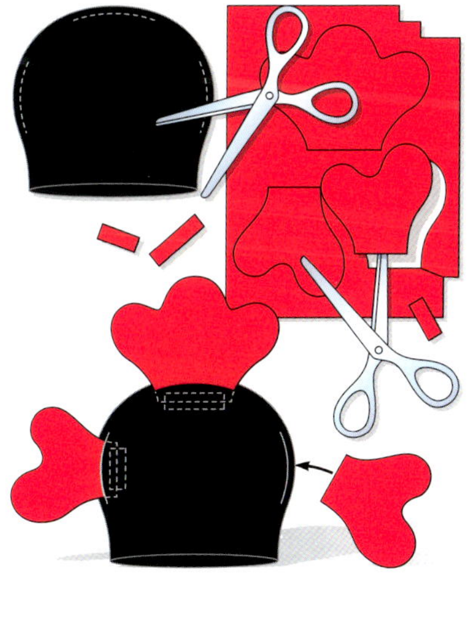

Loup y es-tu ?

Matériel
3 rouleaux de crépon bleu, papier fort bleu, tee-shirt bleu à manches longues un peu grand, collant fin bleu, boule en styropor, élastique, peinture, pinceau, compas, colle, ciseaux.

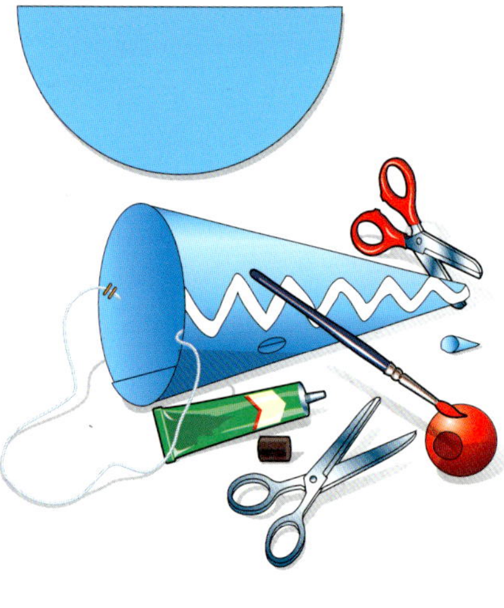

1 Tracer et couper un demi-cercle de 18 cm de rayon dans du papier fort bleu. Coller en cône. Couper la pointe. Creuser une boule en styropor avec des ciseaux. La peindre en rouge. Laisser sécher. Coller la boule au bout du cône. Peindre des zigzags blancs pour les dents. Faire 2 trous sous le cône pour pouvoir respirer. Agrafer un élastique.

3 Couper les rouleaux de crépon en tronçons de 10 cm. Les dérouler. Découper une quinzaine de bandes de la largeur du tee-shirt et les franger.

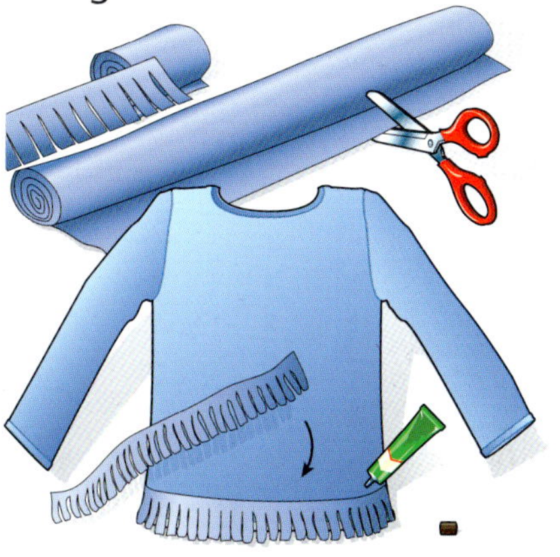

4 Coller une bande au bas du dos du tee-shirt. Recouvrir le dos en espaçant les bandes de 2 cm. Faire chevaucher la dernière sur l'encolure.

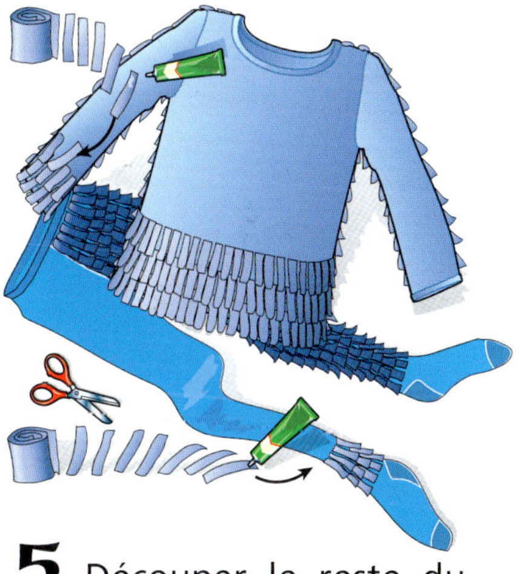

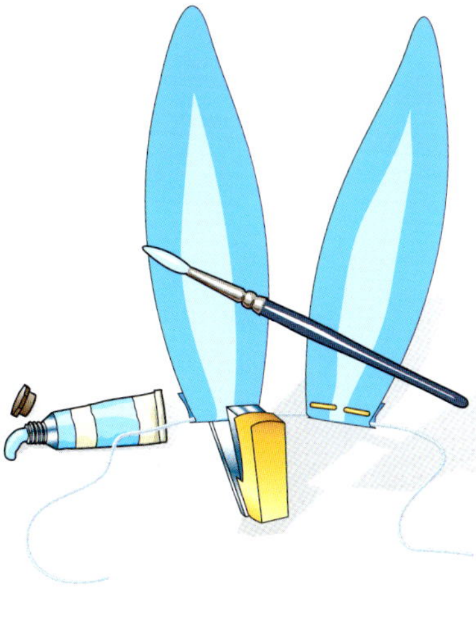

2 Découper 2 grandes oreilles dans le papier fort bleu. Peindre l'intérieur en bleu clair. Laisser sécher.

Couper un élastique un peu plus long que le tour de tête. Replier la base des oreilles autour de l'élastique et agrafer le plus près possible de l'élastique.

5 Découper le reste du crépon en lanières de 2 cm. Fixer par un point de colle en lignes horizontales sur le devant et les manches du tee-shirt, et sur le collant, sauf aux pieds.

Attention à l'habillage : le tee-shirt et le collant sont fragiles... Compléter avec 4 gants jaunes en caoutchouc pour des pattes rigolotes !

Miss citrouille

Matériel

4 rouleaux de papier crépon fort orange, 1 rouleau de crépon vert, fil de fer épais, élastique, colle, mètre ruban, agrafeuse, ciseaux, pince coupante.

1 Mesurer le tour du cou et des hanches. Ajouter 15 cm à chaque mesure. Demander à un adulte de couper 2 fils de fer à ces dimensions avec la pince coupante et de replier leurs extrémités.

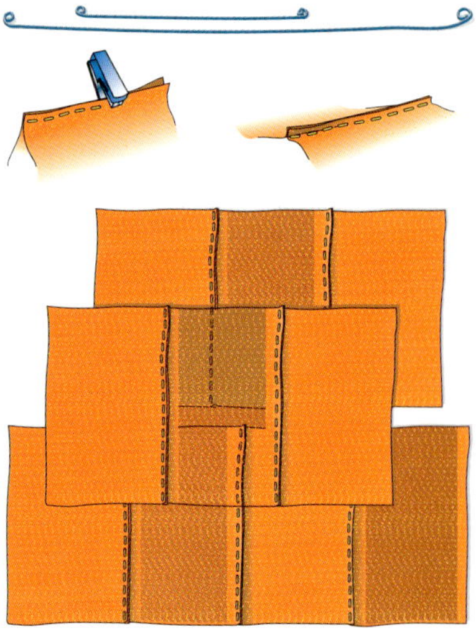

2 Découper 10 morceaux de papier crépon orange de 50 x 80 cm. Assembler 4 morceaux en agrafant les longueurs endroit contre endroit. Puis assembler 2 bandes de 3 morceaux.

3 Poser les bandes côte à côte, la plus longue au milieu. Replier le haut et le bas des bandes à cheval sur les fils de fer. Agrafer tout le long en plissant le crépon. Veiller à ce que les extrémités des fils de fer dépassent de chaque côté.

4 Découper une collerette dans une bande de crépon vert de 25 x 90 cm. L'agrafer, en la plissant, à l'intérieur de la citrouille sur la longueur du tour de cou. Replier la collerette à l'extérieur. Fermer la citrouille en entortillant les fils de fer.

5 Découper 4 bandes de 3 x 70 cm et 6 feuilles dans le papier crépon vert. Couper un élastique de 70 cm. Couper 3 fils de fer de 60 cm avec la pince coupante.

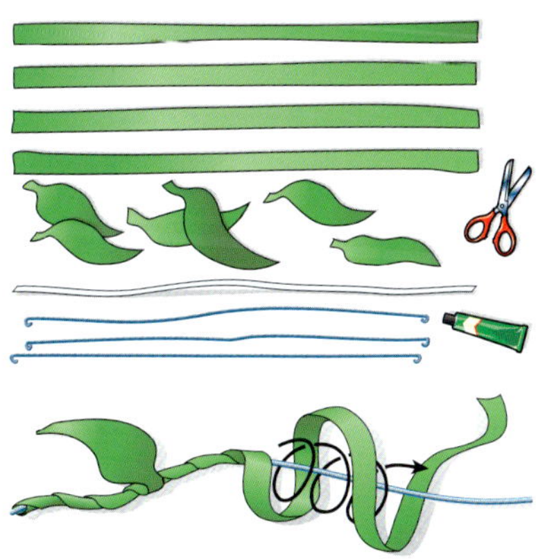

6 Recouvrir chaque fil de fer en enroulant autour une bande de crépon vert encollée. Coller les feuilles sur ces tiges. Laisser sécher.

7 Recouvrir l'élastique sur 40 cm environ avec la dernière bande verte légèrement encollée. Entortiller une extrémité de chaque fil de fer au milieu de l'élastique. Les mettre en forme. Nouer l'élastique autour de la tête.

Loups déguisés

Matériel
papiers forts de couleur, carton fin, papier fin ou calque, crayon à papier, règle, perforatrice, élastique, ciseaux, cutter, colle, patrons page 194.

1 Choisir un modèle. Reporter le patron du loup sur du carton fin et sur du papier de couleur. Découper le contour des 2 loups. Les coller l'un sur l'autre. Laisser sécher. Demander à un adulte d'évider les fentes des yeux avec un cutter. Faire un trou de chaque côté à la perforatrice.

2 Pour le papillon, préparer 2 ailes identiques : plier un papier de couleur en deux, dessiner la forme d'une aile et découper ensemble les 2 épaisseurs.
Dessiner et découper les autres éléments du loup. Nouer un élastique au dos du loup. Coller les ronds sur les ailes. Coller les ailes sur le loup.

3 Préparer le corps et les antennes du papillon. Coller le corps entre les 2 yeux et les antennes derrière le loup. Coller les ronds jaunes.

4 Reporter les patrons des éléments de la chauve-souris. Les découper. Coller les ailes sur le loup au-dessus des yeux. Coller ensuite dans l'ordre les membranes blanches, la tête, les oreilles, les yeux et la bouche. Procéder de même pour le chat.

5 Couper un élastique légèrement plus long que le tour de tête. Le nouer au dos du loup.

Anima-lunettes

Matériel

papier fort de différentes couleurs, papier fin ou calque, règle, crayon à papier, ciseaux, cutter, colle, patron p. 194.

1 Plier une feuille de calque ou de papier très fin en deux. Placer le pli sur les pointillés du demi-patron (voir p. 7). Le reporter et le découper. Reporter le patron entier sur du papier de couleur. Découper le contour. Demander à un adulte d'évider les yeux avec un cutter.

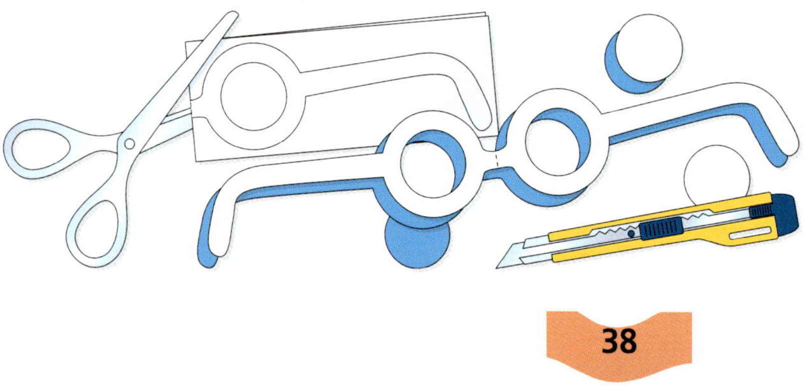

2 Selon le modèle choisi, tracer et découper tous les éléments des lunettes dans des papiers de couleur.

3 Pour le poisson, coller les yeux en commençant par le rond blanc puis le rond noir. Coller les bandes vertes sur les nageoires et sur les queues.

4 Coller les têtes et les queues sur les lunettes. Pour les nageoires, ne coller que le côté proche des yeux.

5 Pour la girafe et le zèbre, préparer les antennes et les oreilles. Les coller derrière les lunettes. Découper et coller les taches et les rayures. Laisser sécher. Plier les branches.

Le printemps est là ! Les cloches annoncent les fêtes de Pâques... Tout en s'amusant, les enfants vont créer des objets simples et inédits qui donneront un air de fête à la maison. Il suffit d'un peu de papier, de carton et de pâte à modeler pour réaliser une foule d'objets drôles et colorés : un petit train pour lapins et poussins, des jolis coquetiers, des bougeoirs et des pots, des tableaux ou des cartes animées...

Bien entendu, les œufs sont aussi de la fête ! Ornés de couleurs vives et de plumes... il y en a pour tous les goûts ! Déguisés en girafe ou en éléphant, ils se transforment même en marionnettes !

Pâques

Poissons d'avril

Matériel
pinces à linge en bois, carton ondulé (rouge, bleu et jaune), yeux mobiles, colle, crayon, ciseaux, peinture, pinceaux, patrons page 195.

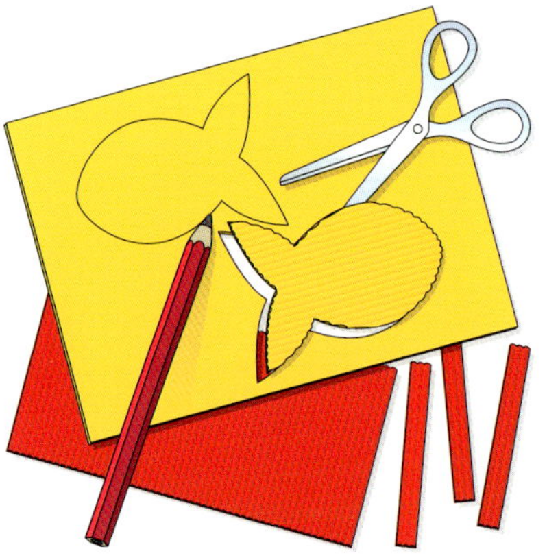

1 Reporter le patron d'un poisson au dos du carton. Découper la forme. Dans du carton d'une autre couleur, couper des bandes de 2 à 6 cannelures de largeur.

2 Coller les bandes horizontalement ou verticalement à espaces réguliers sur le poisson. Laisser sécher, puis découper les bouts qui dépassent.

3 Coller les yeux mobiles sur le poisson. Laisser sécher.

4 Coller une pince à linge en bois au dos du poisson en plaçant l'ouverture de la pince vers la queue du poisson. Bien laisser sécher.

5 Peindre la pince à linge et le dos du poisson d'une couleur unie. Laisser sécher.

Œufs déguisés

Matériel

œufs en styropor, œufs naturels vidés (voir encadré ci-dessous), peinture, pinceaux fin et moyen, brochette en bois.

1 Pour faciliter le travail, piquer l'œuf en styropor sur une brochette en bois.
Peindre le fond avec une couleur uniforme plutôt claire : rose, vert, bleu, jaune. Bien laisser sécher.

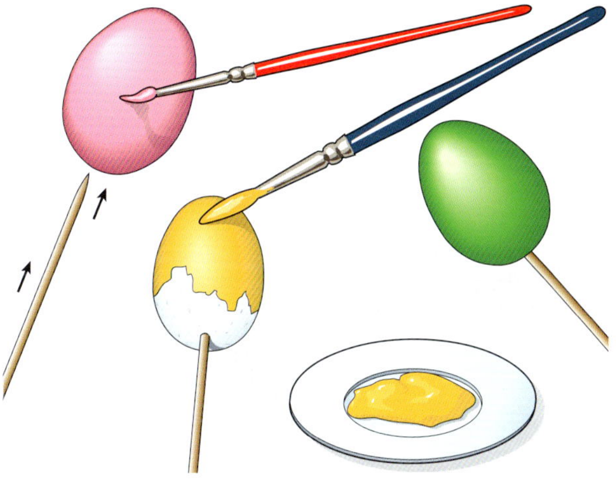

2 Avec le pinceau moyen, dessiner des motifs simples : cercles, lignes, zigzags. Bien laisser sécher.

3 Superposer les motifs plus petits avec un pinceau fin : points, traits, croix, etc. Pour les petits points blancs, utiliser un blanc très couvrant, peu dilué.

4 Pour les œufs naturels, conserver la couleur de la coquille d'œuf sans peindre de fond. Réaliser des motifs simples en modifiant les couleurs : des points ou des lignes croisées.

Comment vider un œuf ?

1. S'installer au-dessus d'un bol. Avec une épingle, percer un petit trou de chaque côté de l'œuf en procédant délicatement.

2. Enfoncer une aiguille à tricoter très fine dans les trous en remuant avec précaution l'intérieur de l'œuf.

3. Enlever doucement l'aiguille. Souffler très fort dans l'un des trous pour faire sortir le blanc et le jaune.

Croque en pâte

Matériel

pâte à sel (voir page 8), règle graduée, couteau rond, papier sulfurisé, rouleau à pâtisserie, peinture, récipient contenant de l'eau.

La famille

1 Préparer la pâte à sel. Étaler la pâte au rouleau à pâtisserie sur le papier sulfurisé. Avec le couteau, découper un carré de 12 cm de côté.

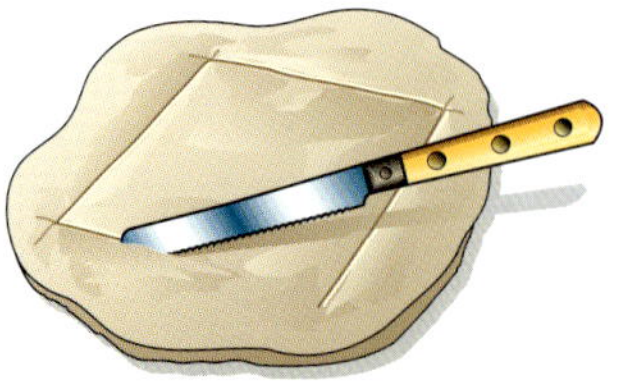

2 Modeler un fin boudin de 50 cm de longueur. Le coller avec un peu d'eau autour du carré.

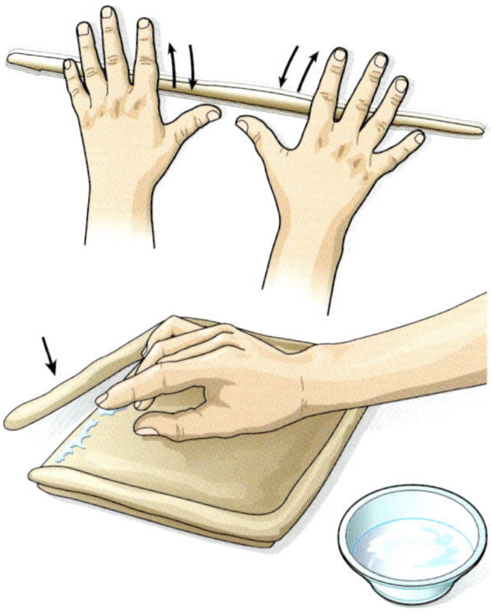

3 Modeler des petites et moyennes boules. Les aplatir pour former le corps et la tête des oiseaux. Souder les éléments sur le fond avec de l'eau.

4 Faire des petits boudins pour la queue, l'aile et les becs. Former des ronds pour les yeux et les barbillons, puis un cœur pour la crête. Bien souder les éléments.

5 Faire cuire le tableau en suivant les indications de la page 8. Le peindre en commençant par le fond et le cadre, puis en finissant par les animaux.

Lapin coquin

Étaler la pâte. La découper en forme d'œuf et l'entourer d'un long colombin. Former des boules aplaties pour le corps, la tête et les yeux, et des boudins pour les oreilles et les pattes. Pour les dents, découper un carré, puis une encoche au milieu avec le couteau. Coller chaque élément avec un peu d'eau. Cuire et peindre.

Petit train

Matériel

boîtes d'œufs, couvercles (petits pots), rouleau en carton, œufs en plastique, ciseaux, chenille, papier de couleur, peinture, pinceaux, brochette et perles en bois, plume, feutre.

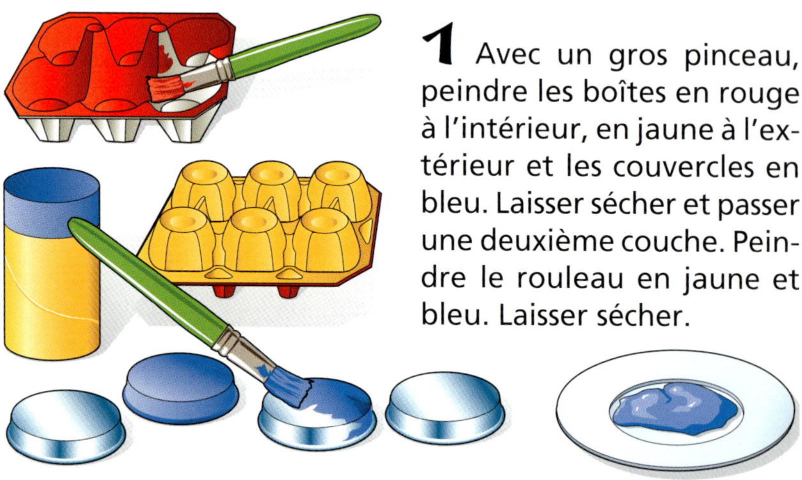

1 Avec un gros pinceau, peindre les boîtes en rouge à l'intérieur, en jaune à l'extérieur et les couvercles en bleu. Laisser sécher et passer une deuxième couche. Peindre le rouleau en jaune et bleu. Laisser sécher.

2 Sur chaque côté des boîtes, faire 4 encoches espacées régulièrement. Coller et y enfoncer les couvercles. Coller le rouleau pour la cheminée sur l'une des boîtes. Dans le papier de couleur, découper des ronds. Les coller sur les roues.

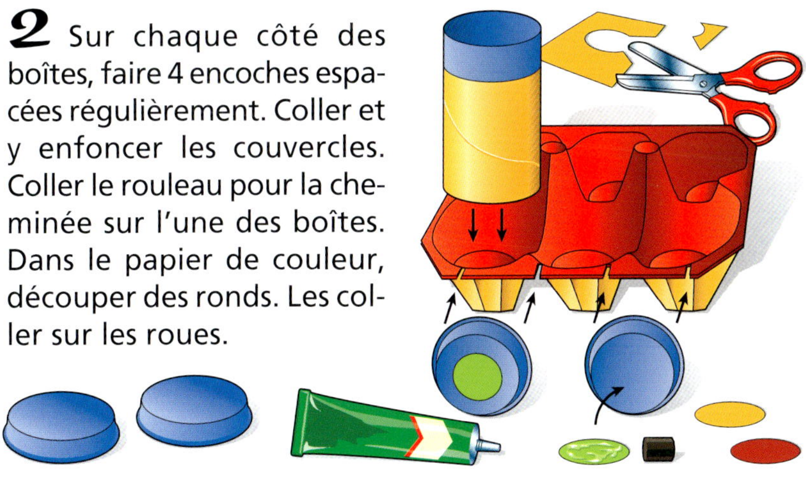

3 Demander à un adulte de percer l'extrémité des boîtes. Relier les wagons avec des morceaux de chenille.

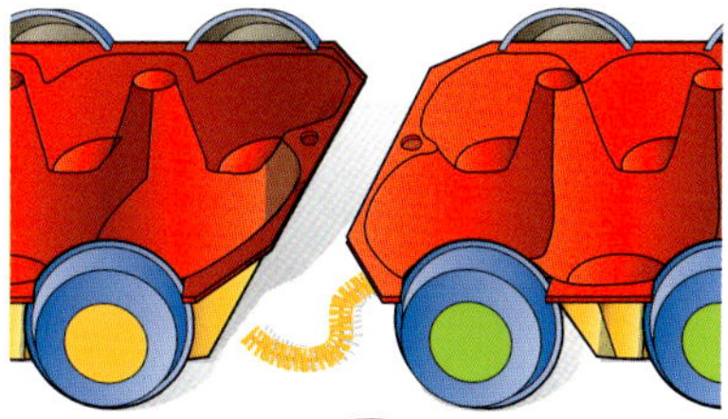

4 Peindre les œufs d'une couleur en les plantant sur une brochette. Laisser sécher. Coller des plumes pour le poussin.

5 Dans le papier de couleur, découper les oreilles et les crêtes en ajoutant une languette de collage. Pour les becs, découper des losanges. Les plier au milieu et les coller. Coller une perle pour le museau des lapins. Dessiner les yeux et les moustaches au feutre noir.

Œufs cancan

Matériel

œufs en styropor, cure-dents, brochettes ou allumettes géantes, peinture (orange, jaune et vert), pinceaux, plumes de couleur, chenille, yeux mobiles, colle.

1 Piquer l'œuf sur une allumette géante. Le peindre d'une couleur unie. Laisser sécher, puis décorer avec des pois d'une couleur différente.

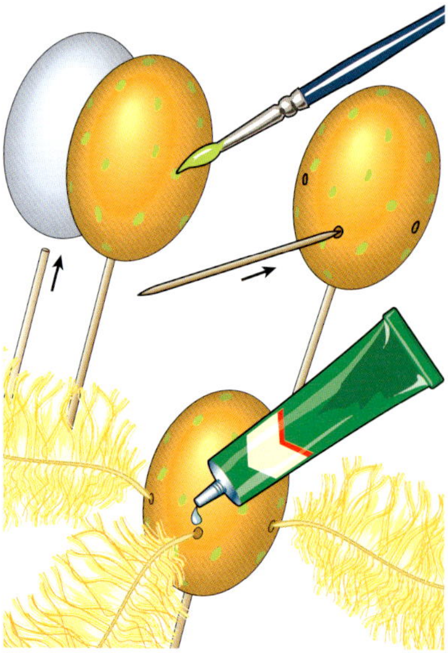

2 Avec le cure-dents, faire 2 trous de chaque côté de l'œuf pour les ailes, et un autre derrière pour la queue. Mettre une goutte de colle dans chaque trou et piquer les plumes.

3 Faire un trou au sommet de l'œuf. Mettre un point de colle et glisser un bout de chenille de 4 cm pour la crête. Faire un autre trou au milieu de l'œuf pour le bec.

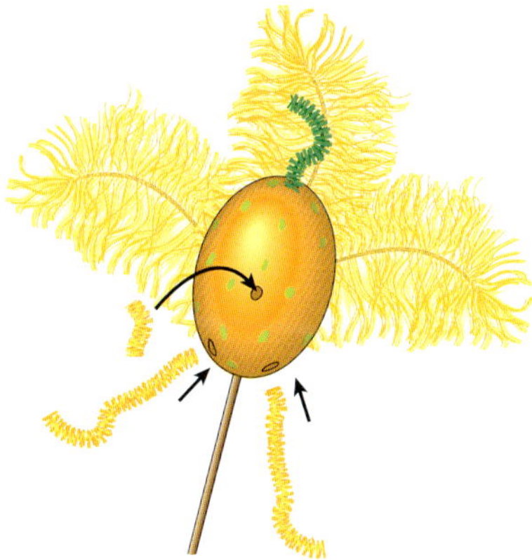

4 Pour le bec, coller au centre un brin de chenille de 3 cm plié en deux. Finir par 2 trous au bas de l'œuf. Piquer 2 bouts de chenille de 8 cm et leur donner la forme de pattes, une fois plantées.

5 Une fois la marionnette sèche, coller les yeux mobiles. Ôter et peindre l'allumette. Laisser sécher. Ajouter un point de colle dans le trou et la remettre en place.

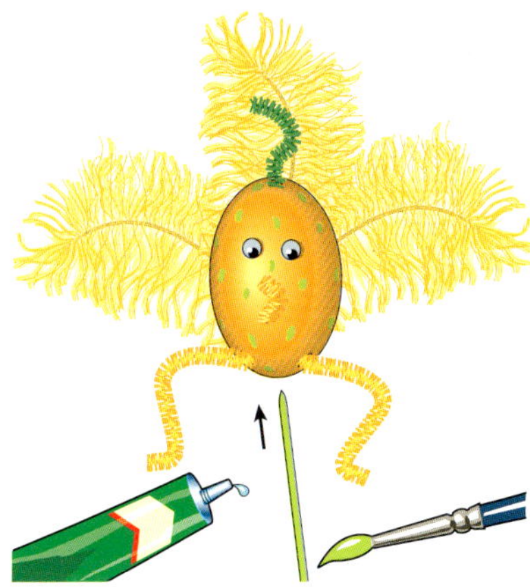

Poules en pot

Matériel

pots de yaourt en plastique ou en verre, pâte à modeler autodurcissante, eau, colle, papier de verre fin, peinture, pinceaux, plumes.

1 En encollant le pot au fur et à mesure et en commençant par l'intérieur, le recouvrir d'une couche uniforme de pâte autodurcissante. Lisser avec un peu d'eau. Bien laisser sécher. Poncer légèrement avec le papier de verre.

2 Former une boule pour la tête. Aplatir d'autres boules pour façonner la crête, les pattes et la queue de la poule. Modeler un cône pour le bec. Ajouter un point de colle et le mettre ainsi que la crête sur la tête.

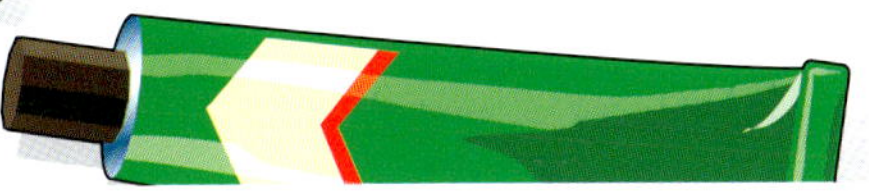

3 Coller les éléments de la poule sur le pot. Bien laisser sécher selon les indications du fabricant.

4 Peindre la poule en commençant par le pot, la tête puis les différentes parties du corps. Laisser sécher. Ajouter des points ou d'autres motifs sur le pot. Finir par les yeux.

On peut remplacer la crête et la queue de la poule par des plumes, en ajoutant un point de colle.

Couronnes à rubans

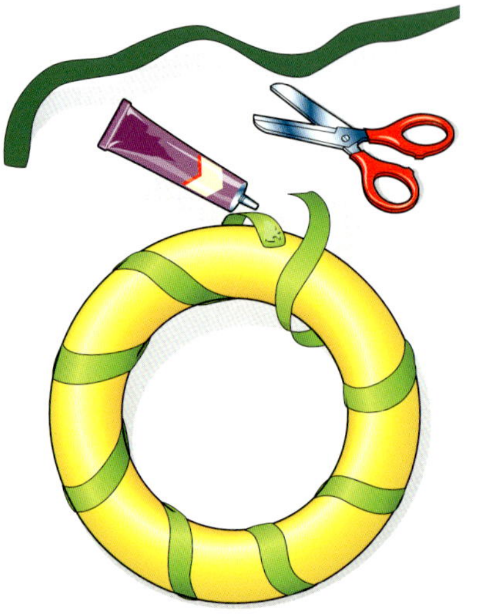

2 Couper 2 bandes de crépon de 2,5 cm de largeur et de la longueur du rouleau. Enrouler une première bande autour de la couronne. Fixer le début et la fin ensemble par un même point de colle.

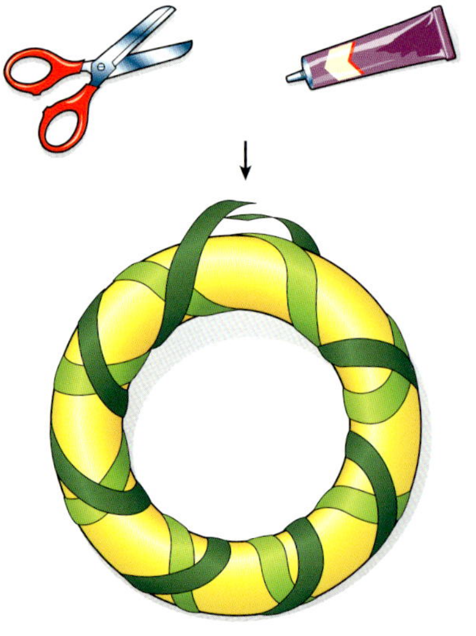

Matériel

couronne en styropor, peinture (jaune, vert et orange), brochette en bois, papier crépon (vert clair, vert foncé et jaune), pinceaux, ciseaux, règle graduée, colle.

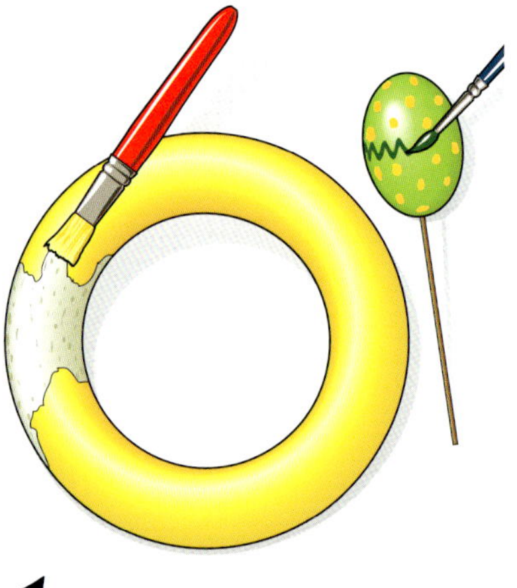

1 Peindre une couronne en jaune ou en orange. Selon le modèle, peindre 2 œufs en les piquant sur des brochettes. Décorer les œufs avec des petits motifs : points, rayures, zigzags, etc.

3 Enrouler la deuxième bande dans l'autre sens afin que les 2 bandes se croisent. Coller les 2 extrémités au même endroit que la première bande.

5 Pour chaque œuf, découper 2 bandes de crépon de 2,5 × 25 cm. Les coller en croix sous l'œuf. Faire une boucle avec les 4 brins.

6 Avec la longueur de crépon restante, attacher les œufs à la couronne. Mettre un point de colle sur un des gros nœuds. Enrouler une bande sur le bas ou sur le haut de la couronne en recouvrant le gros nœud. Passer la bande sous la boucle de l'œuf. La coller ensuite derrière la couronne.

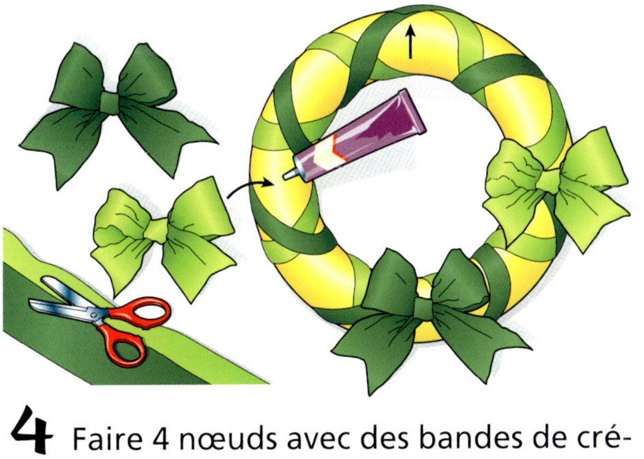

4 Faire 4 nœuds avec des bandes de crépon de 5 × 50 cm. Les coller sur la couronne à intervalles réguliers en cachant le raccord des bandes croisées.

7 Laisser dépasser un bout de crépon en haut de la couronne pour pouvoir la suspendre.

Nids d'oiseaux

Matériel
coquetiers en bois, papier de couleur, carton fin, colle, ciseaux, peinture, pinceaux, papier fin blanc, patrons page 195.

1 Peindre l'intérieur et l'extérieur du coquetier dans la couleur choisie. Au besoin, appliquer une seconde couche. Laisser sécher. Ajouter des motifs : points, traits, rayures.

2 Au crayon, reporter le patron d'un oiseau sur du papier fin blanc. Le découper. Tracer les contours du patron sur du papier de couleur. Découper la forme.

Perruche

Reporter le patron de l'aigrette sur du papier de couleur. Découper la forme, puis des ronds, un triangle pour le bec et des petites bandes. Coller tous les éléments. Puis coller l'oiseau sur du carton pour le renforcer. Faire 2 fentes verticales. Poser l'oiseau sur son nid.

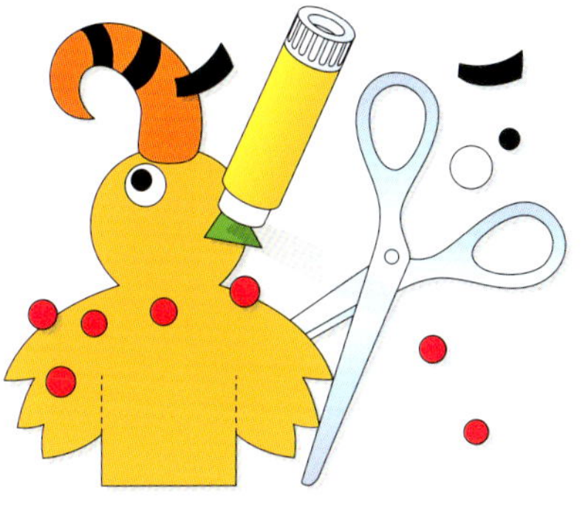

Pingouin

Reporter le patron du gilet sur du papier noir. Le découper et le coller sur le corps. Pour les yeux et le bec, procéder comme pour les autres oiseaux. Découper le nœud papillon et le coller. Renforcer le pingouin avec du carton. Faire 2 fentes verticales et glisser le pingouin sur le coquetier.

Perroquet vert

Découper des petites bandes orange et blanches, un triangle pour le bec, et des ronds pour les yeux. Coller les différents éléments sur l'oiseau. Coller le perroquet sur du carton. Découper tout autour. Faire 2 fentes comme sur le dessin. Glisser l'oiseau sur le coquetier.

Bougeoirs z'animés

Matériel

pâte à modeler autodurcissante, couteau rond, fil de fer fin, peinture, pinceaux : brosse et fin.

Attention : ne jamais laisser une bougie allumée sans surveillance !

Coq gris

1 Pétrir une boule de pâte pour le corps, puis une autre plus petite pour la tête.

Aplatir légèrement la boule du corps avec la paume de la main.

Souder les deux formes en humectant avec de l'eau.

2 Pour les ailes, la crête et la queue, modeler 4 disques. Les façonner avec le couteau. Les souder sur le coq avec un peu d'eau.

3 Former 2 boulettes aplaties pour les yeux et 3 autres pincées pour le bec et les barbillons. Les souder.

4 Enfoncer la bougie. Laisser sécher la pâte selon les indications du fabricant.

5 Lorsque le coq est sec, retirer délicatement la bougie. Le peindre en gris avec un pinceau brosse. Laisser sécher. Ajouter les détails avec un pinceau fin : les yeux, le bec, les petites plumes, etc. Laisser sécher.

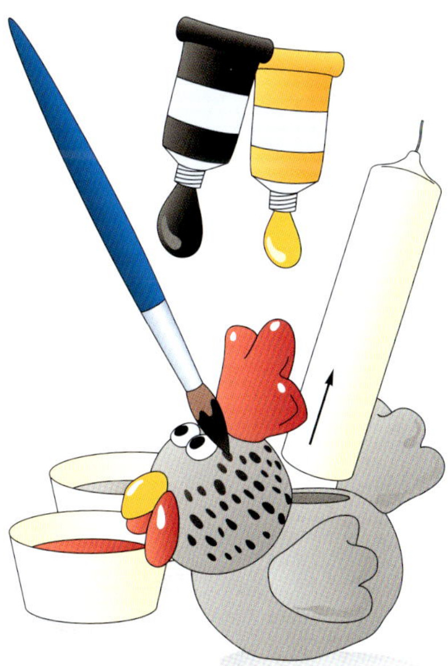

Lapin bleu

Modeler le corps et la tête comme pour le coq. Ajouter 2 boudins pour les oreilles, 2 boules pour le museau et la queue, puis les yeux. Enfoncer la bougie et 3 brins de fil de fer de chaque côté du museau avant que la pâte ne durcisse. Laisser sécher, puis peindre.

Cartes de Pâques

Matériel

carton épais,
fil de fer fin,
peinture,
pinceaux, colle,
ciseaux, règle,
crayon à papier,
patrons page 196.

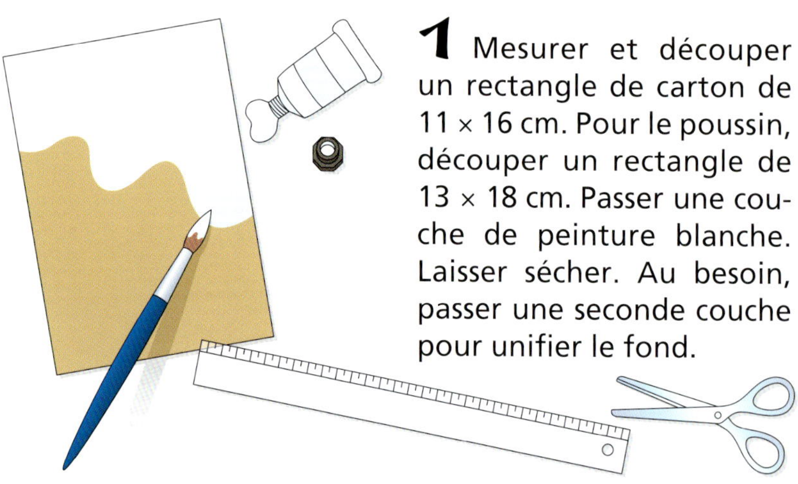

1 Mesurer et découper un rectangle de carton de 11 × 16 cm. Pour le poussin, découper un rectangle de 13 × 18 cm. Passer une couche de peinture blanche. Laisser sécher. Au besoin, passer une seconde couche pour unifier le fond.

3 Peindre le fond de la carte d'une couleur unie et le cadre dans une autre couleur. Ajouter les détails : herbe, pois, etc. Peindre tous les petits éléments. Laisser sécher.

4 Couper des fils de fer pour les tiges des fleurs, les antennes, etc. Les peindre dans la couleur choisie.

2 Sur un autre carton, reporter les formes choisies : soleil et fleurs pour la carte-prairie, papillons, feuilles et touffes d'herbe pour la carte-tulipe, ou des cercles, pattes et ailes pour le poussin... Les découper et appliquer une couche de peinture blanche.

5 Encoller une des extrémités des fils et les enfoncer dans les éléments en carton. Encoller et piquer l'autre extrémité des fils sur la carte. Au besoin, tordre les fils de fer pour leur donner un effet ressort. Laisser sécher.

Petits pots

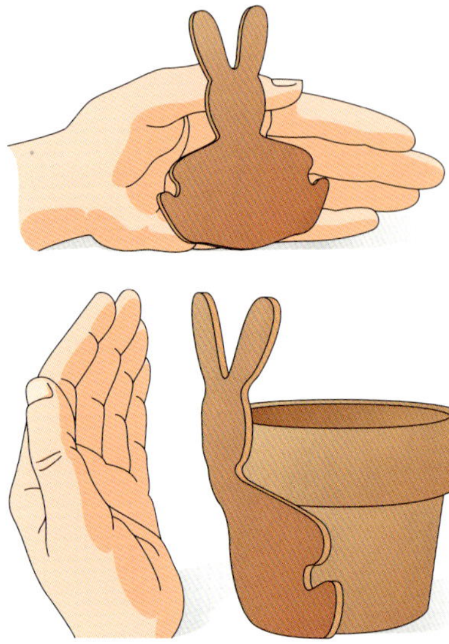

2 Avant qu'il ne sèche, appliquer le motif sur un pot en terre cuite. Appuyer légèrement avec la main pour que le motif épouse bien la forme du pot.

Matériel

argile autodurcissante, peinture (jaune, orange, rose et vert), petits pots en terre cuite, colle, couteau rond, emporte-pièces, rouleau à pâtisserie, pinceaux.

1 Étaler la pâte au rouleau à pâtisserie. À l'aide du couteau, dessiner les formes des motifs. Les découper. Pour plus de facilité, on peut aussi utiliser des emporte-pièces.

3 Sur le reste de la pâte, découper les petits détails : yeux, nez, aile, rayures, etc. Les coller sur les corps des animaux en humectant avec un peu d'eau. Laisser sécher selon les indications du fabricant.

4 Décoller délicatement le motif du pot. Peindre la bordure du pot. Au besoin, passer une seconde couche.

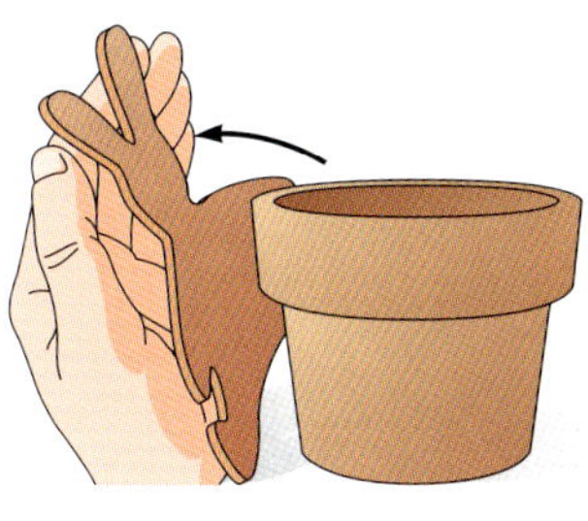

Éviter de peindre tout le pot pour une meilleure respiration de la plante.
Bien laisser sécher.

5 Encoller le dos du motif et l'appliquer sur le pot. Laisser sécher.

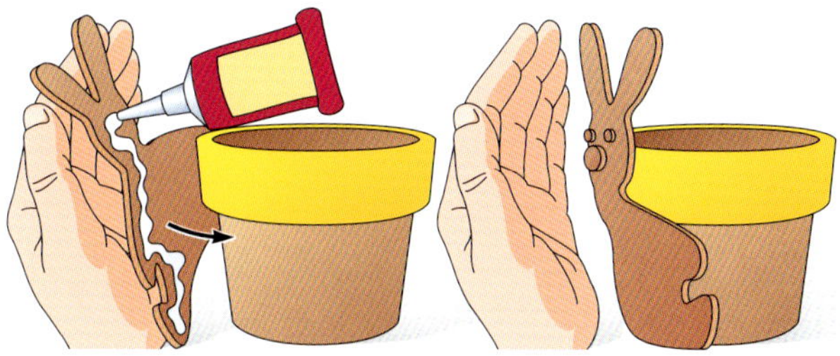

6 Peindre le motif d'une couleur unie : le lapin et l'œuf en rose, la poule en orange et le poussin en jaune.

7 Ajouter les détails avec un pinceau fin : les yeux des animaux, les moustaches du lapin, l'aile de la poule, les rayures et les pois de l'œuf, etc. Laisser sécher.

Gertrude et Gédéon

Matériel
boîte à fromage,
peinture, pinceaux,
fil de fer, colle,
œuf en styropor,
boule de cotillon,
chutes de tissu,
pince (type pince à bijoux), cure-dents.

1 Décoller les étiquettes de la boîte à fromage. Peindre les bords en rouge et le dessus en vert. Laisser sécher.

Décorer ensuite le tour en faisant des petits points verts avec un pinceau fin.

Peindre la boule de cotillon d'une couleur très claire et l'œuf en styropor en jaune.

2 Couper plusieurs longueurs de fil de fer : 10 cm pour le ressort ; 4 brins de 15 cm pour les jambes et les bras ; 5 fils de 8 cm pour les cheveux.

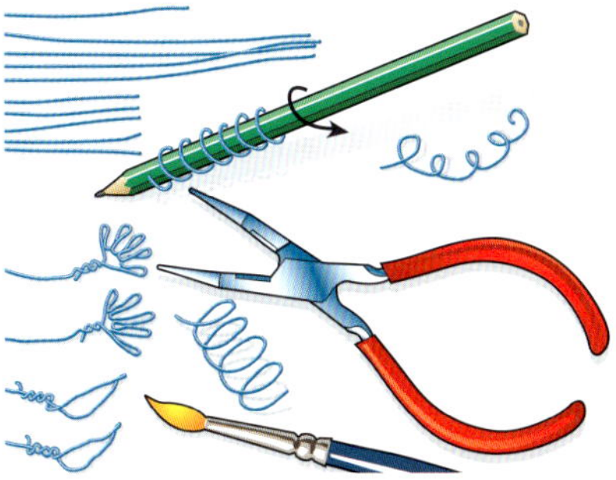

3 À l'extrémité des fils de fer des bras et des jambes, former les mains et les pieds à l'aide d'une pince. Entortiller les fils autour d'un crayon pour faire le ressort et les cheveux. Peindre les fils de fer dans la couleur désirée. Laisser sécher.

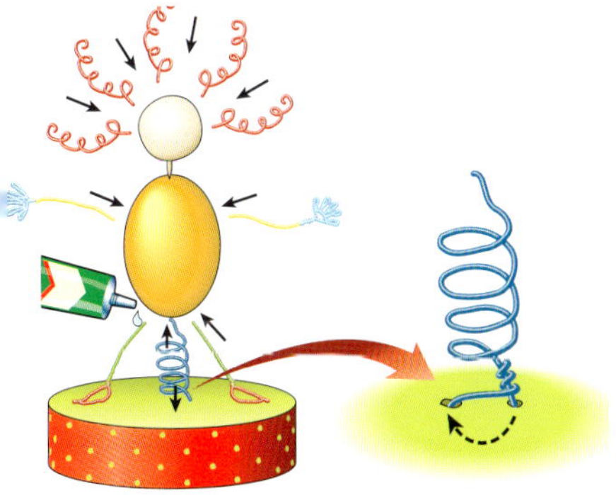

4 Encoller les fils de fer, les enfoncer dans l'œuf en polystyrène et dans la boule de cotillon pour les cheveux. Demander à un adulte de percer 2 petits trous dans le couvercle pour y fixer le ressort. Encoller un demi-cure-dents, l'enfoncer dans la boule de cotillon et dans l'œuf pour lier la tête et le corps.

5 Peindre le visage du personnage. Dessiner les yeux, les cils, le nez, la bouche et les joues.

6 Pour la jupe de la fillette, coller une bande de tissu autour du corps en la fronçant légèrement. Pour le bandeau, coller une fine bande autour de la tête. Faire le nœud papillon du garçon en entourant une petite bande de tissu au milieu d'un rectangle.

Zoo de Pâques

Matériel
œufs en styropor, peinture, pinceaux, papier de couleur épais, cure-dents et brochettes en bois, pâte à modeler autodurcissante, colle, cutter, patrons page 196.

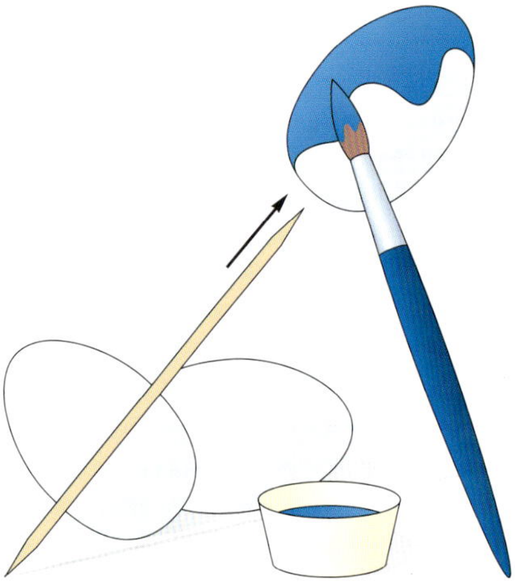

1 Pour faciliter le travail, fixer l'œuf en styropor sur une brochette en bois. Peindre la surface, selon le modèle choisi, en jaune, gris clair, bleu ou rose. Bien laisser sécher. Appliquer une deuxième couche si nécessaire.

3 Pour la girafe, peindre 2 boules de pâte à modeler en marron. Les fixer sur 2 cure-dents peints en jaune. Laisser sécher.

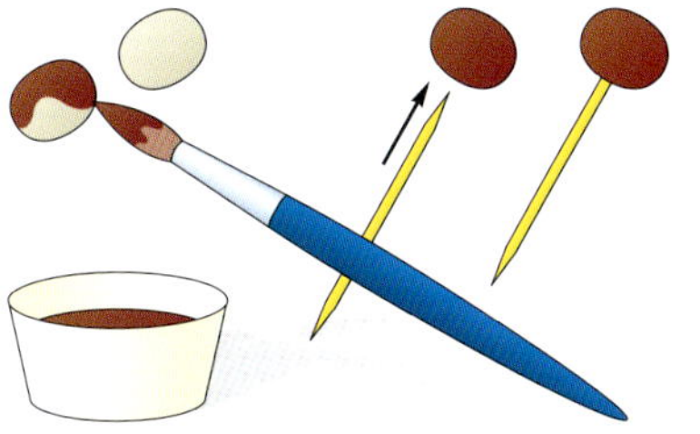

4 Avec l'aide d'un adulte, faire des fentes au cutter pour pouvoir glisser les oreilles, les ailes, les crêtes, ou la trompe de l'éléphant. Piquer les cornes de la girafe.

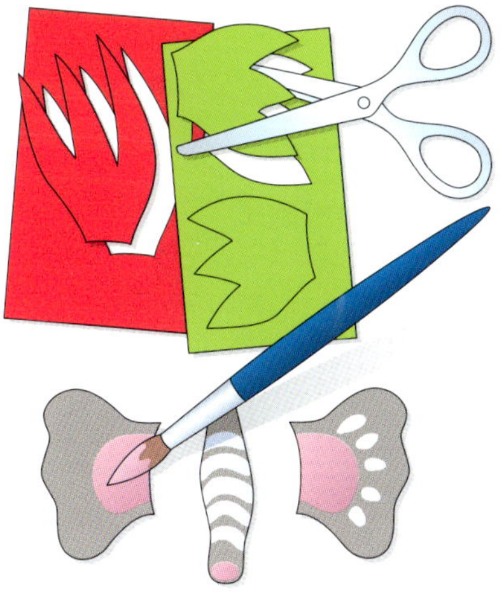

2 Selon le modèle, reporter les patrons des oreilles, de la trompe, de la crête ou des ailes sur du papier de couleur. Les découper.

Pour le bec du perroquet, plier selon les pointillés du patron. Peindre les détails en choisissant les couleurs appropriées.

5 Peindre les yeux avec un pinceau fin. Ajouter, selon l'animal, des taches, des petits motifs blancs, des points verts, etc. Laisser sécher. Pour le perroquet, coller le bec avec un point de colle ou un bout de scotch.

Ânes volants

Matériel

pâte à modeler à cuire (bleu-gris ou turquoise, jaune, orange, rouge, vert), fil de fer, ciseaux, colle, cure-dents, couteau rond, peinture, pinceau fin, règle.

1 Avec de la pâte bleue, modeler un grand rectangle en volume, un autre plus petit et 4 petits cubes. Réaliser les paniers en modelant la pâte avec le bout d'un doigt. Les fixer de chaque côté du gros rectangle en appuyant doucement.

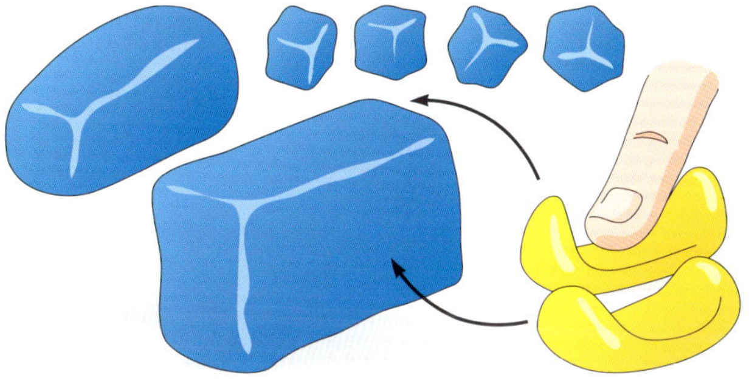

2 Dans les pâtes de couleurs vives, former des petits œufs. Les souder dans les paniers. Façonner une cloche en modelant la pâte sur le bout d'un doigt.

3 Former 2 petites boules bleu clair pour les yeux. Les fixer sur la tête. Encoller un demi-cure-dents et l'enfoncer au bas de la tête, puis dans le corps.

4 Demander à un adulte de couper 4 fils de fer de 5 cm pour les pattes. Encoller les extrémités et les piquer dans les cubes pour les pieds et dans le corps de l'âne. Couper 2 brins de 4 cm pour les oreilles. Les plier en deux, les encoller et les piquer dans la tête.

Couper un fil de fer de 7 cm pour la queue. Entortiller une extrémité et encoller l'autre. La piquer à l'arrière du corps. Onduler le dernier fil de fer de 25 cm et l'enfoncer dans le haut du corps.

5 Modeler 3 boules et les enfiler sur le grand fil de fer. Ajouter un point de colle sur chaque trou. Fixer la cloche en haut du fil de fer. Pour pouvoir suspendre l'âne, former une boucle à l'extrémité du fil de fer.

6 Demander à un adulte de cuire l'ensemble au four ménager selon les indications du fabricant. Laisser refroidir. Peindre quelques détails : bouche, nez, œufs, cloche, paniers.

Pour la fête des mères, la fête des pères ou les autres moments de l'année, offrir des cadeaux est un plaisir et les occasions ne manquent guère !
Voici plein d'idées originales pour que les jeunes créateurs fabriquent de jolis cadeaux avec des matériaux tout simples : de la pâte à modeler pour décorer des vases ou réaliser des porte-photos, du papier et du carton pour fabriquer de jolies boîtes, des cadres malins, des serre-livres rigolos ou bien un sac à main !

Des bijoux pour maman aux petits cadres pour papa, à chacun son style et à tout le monde son cadeau !

Cadeaux

Bonne fête
papa !

Vases en fleurs

Matériel

bouteilles en verre, pâte à modeler autodurcissante, peinture, pinceau, crayon, colle, couteau à bout rond.

Marguerite

1 Aplatir la pâte pour obtenir une plaque de 1,5 cm d'épaisseur. Découper la forme d'une fleur à 5 pétales.

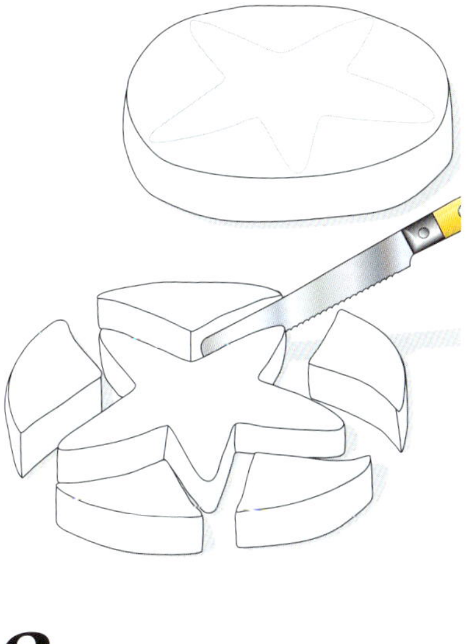

2 Arrondir les pétales. Au centre, faire un trou de même diamètre que le goulot de la bouteille.

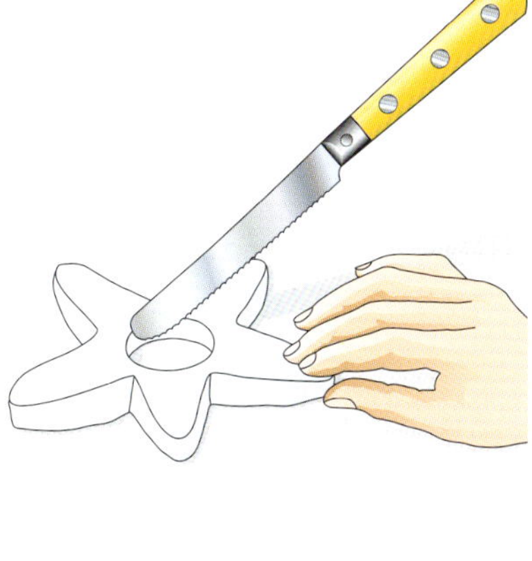

3 Poser la fleur autour du goulot. Appuyer avec les doigts humides pour faire adhérer la pâte.

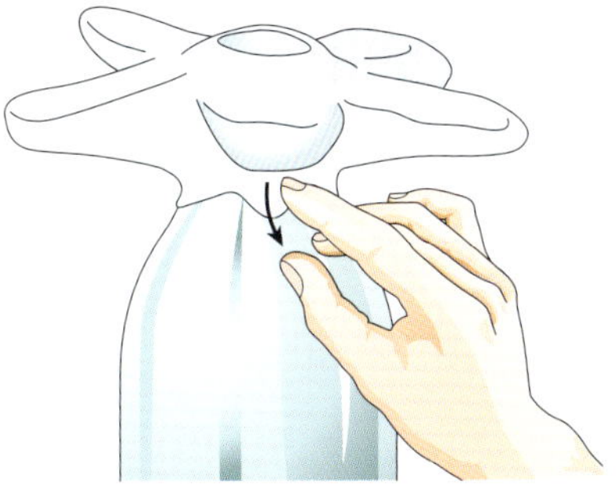

Tulipe

1 Poser une boule de pâte sur le goulot. Modeler 5 pétales pointus en tirant la pâte vers le haut.

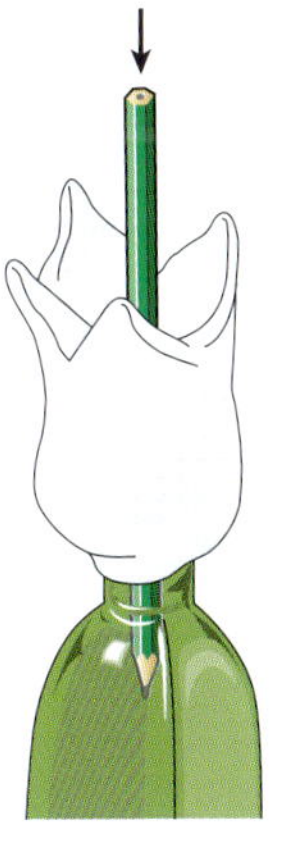

2 Percer un trou au milieu à l'aide d'un crayon.

Papillon

1 Aplatir 2 boules de pâte pour obtenir 2 cercles de 6 cm de diamètre. Découper la forme des ailes à l'aide d'un couteau.

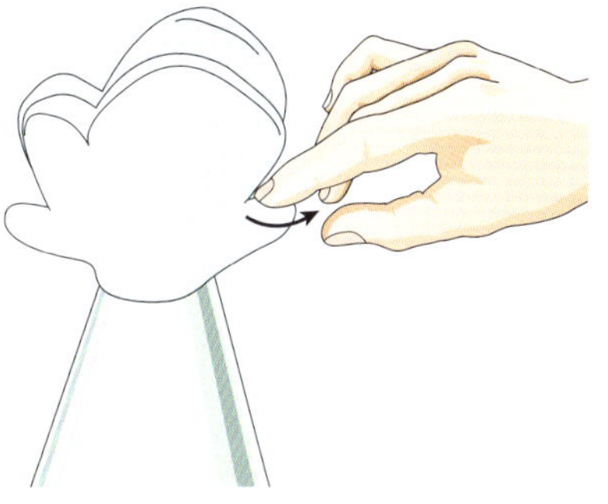

2 Appliquer les ailes de chaque côté du goulot. Modeler la tête et la queue en tirant la pâte avec les doigts humides.

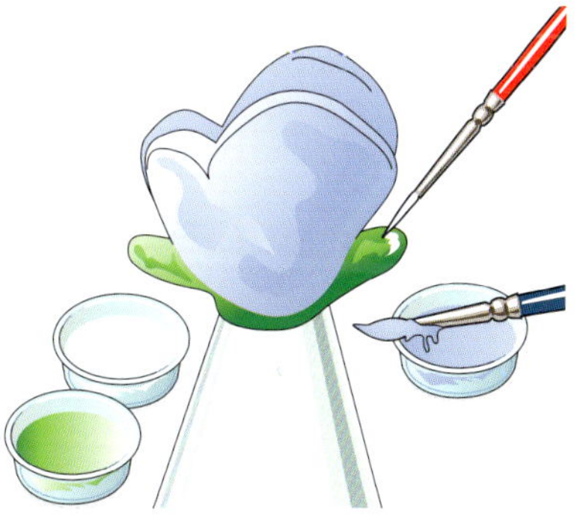

3 Bien laisser sécher avant de peindre les éléments.

On peut aussi coller sur la bouteille une lettre modelée dans de la pâte.

Porte-clefs

Matériel

mousse en plaques, ficelle, coquillages, pomme de pin, colle, galet plat, plumes, perforatrice, ciseaux, ciseaux cranteurs, crayon, peinture, pinceau, papier calque, patrons page 197.

Sujets en mousse

1 Reporter les patrons sur de la mousse. Découper les formes. Pour les écailles du poisson, utiliser des ciseaux cranteurs.

2 Coller les yeux, l'aile, le bec, la nervure de la feuille et les écailles. Percer un trou dans chaque élément.

3 Couper un morceau de ficelle de 30 cm. Le plier en deux et le glisser dans le trou. Repasser les 2 brins dans la boucle ainsi formée.

4 Nouer des plumes, des éléments naturels ou des coquillages à un brin. Attacher l'autre brin à une clef.

Attention, demander l'aide d'un adulte pour percer les coquillages.

Éléments naturels

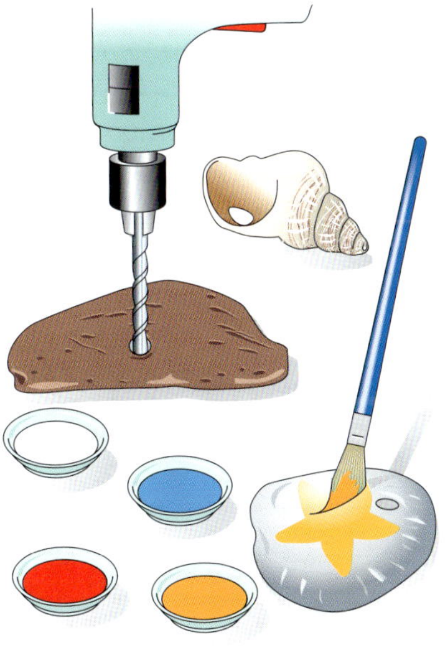

1 Demander à un adulte de percer les coquillages et le galet. Les nettoyer soigneusement sous l'eau avant de les peindre.

2 Passer une ficelle dans les trous des coquillages pour les relier au galet. Plier une autre ficelle en deux et la passer dans le galet. Repasser les 2 brins dans la boucle et finir par un nœud.

Cadres marins

Matériel

carton mousse de 3 mm d'épaisseur, crayon à papier, cutter, ciseaux, papier calque, bristol, peinture, pinceau, colle, attaches en toile gommée, ficelle, scotch, patrons page 198.

Cadre Bateau

1 Reporter le patron du bateau sur le carton. Demander à un adulte de découper les contours et les hublots au cutter.

2 Passer d'abord une couche de peinture blanche, laisser sécher. Puis peindre en suivant le modèle et en commençant par les couleurs claires. Ne pas oublier de peindre les bords. Laisser sécher.

3 Scotcher les photos au dos du bateau et coller une attache en toile gommée.

Cadres Plage

1 Reporter les patrons des différents cadres sur le carton. Demander à un adulte de les découper au cutter et d'évider les fenêtres.

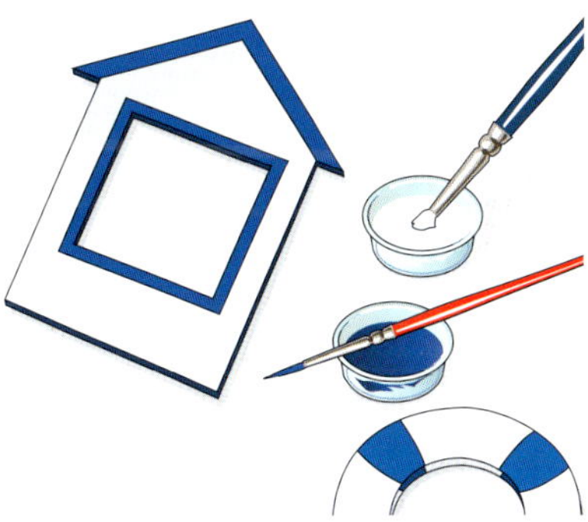

2 Passer une couche de peinture blanche. Bien laisser sécher avant de peindre chaque cadre en couleur, sans oublier les bords.

3 Reporter le patron du crabe sur du bristol. Le découper puis le peindre. Laisser sécher avant de le coller en bas de la cabine.

4 Coller un morceau de ficelle en 4 points sur le bord de la bouée.

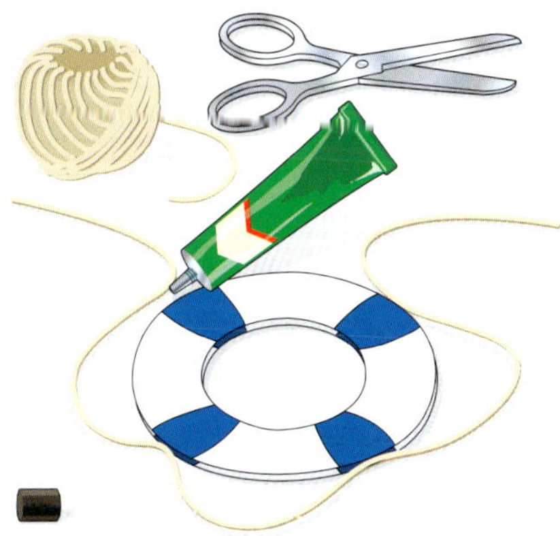

5 Scotcher les photos au dos des cadres et coller des attaches en toile gommée.

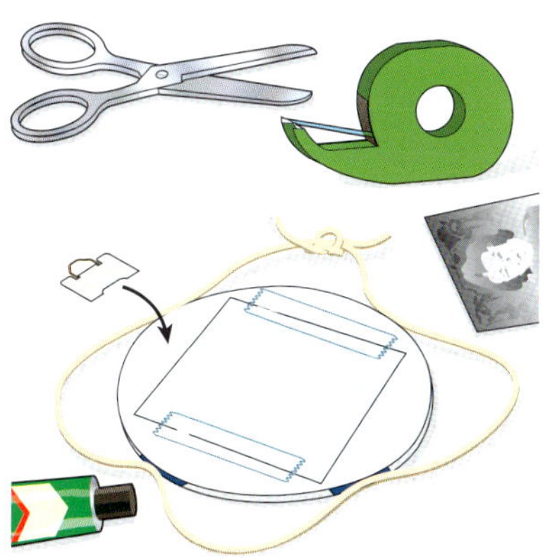

Jolis pots

Matériel

papiers de couleur et papier blanc, papier calque, pots de yaourts en verre, aiguille, fil de fer très fin, ciseaux, scotch, crayon à papier, patrons page 197.

1 Dans les papiers de couleur, tracer puis découper 4 rectangles de 22 × 10 cm.

2 Reporter sept fois les patrons des petits motifs sur des papiers de différentes couleurs. Découper les éléments. Coller les cœurs des fleurs sur les pétales.

3 Avec une aiguille, percer 7 trous à différents endroits des rectangles. Couper des morceaux de fil de fer de 10 cm et les glisser dans les trous. Replier les extrémités au dos et les scotcher.

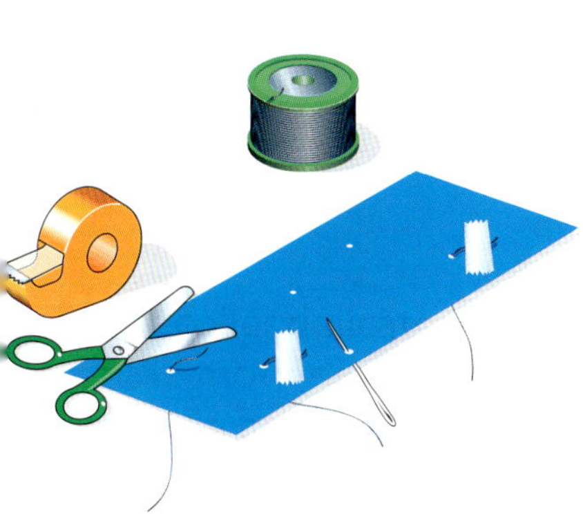

4 Enrouler les rectangles pour former des cylindres. Coller sur environ 1 cm.

5 Entortiller du fil de fer autour d'un crayon et faire une petite boucle au bout. Scotcher les décors sur la boucle. Glisser les tubes sur les pots.

Porte-Photos

Matériel

pâte à modeler autodurcissante, crayon, fil de fer, peinture, pinceau, couteau, pince coupante.

Le phare

1 Demander à un adulte de couper un fil de fer de 30 cm et de l'entortiller autour d'un crayon pour former des doubles boucles. Finir la boucle du haut en entortillant l'extrémité du fil de fer.

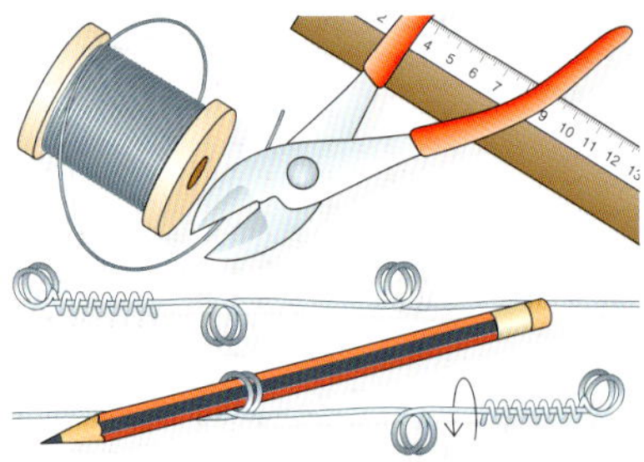

2 Dans un gros morceau de pâte, tailler un bloc de 8 cm de hauteur et de 4 × 4 cm à la base. Puis modeler 2 boules pour le toit et les fixer avec un peu d'eau.

3 Enfoncer une extrémité du fil de fer dans le toit. Laisser bien sécher et peindre. Fixer les photos dans les boucles.

Le bateau

Le bateau se réalise selon le même principe. Modeler 3 blocs de pâte assemblés avec un peu d'eau.

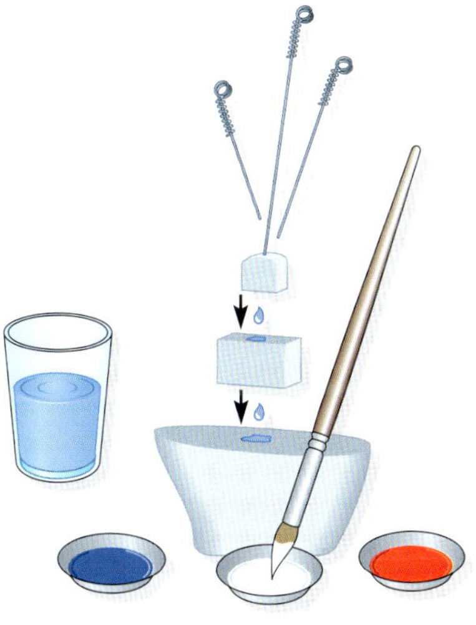

Couper 3 fils de fer de longueurs différentes (15, 20 et 25 cm), entortiller une extrémité et les planter dans la cabine. Bien laisser sécher avant de peindre.

La vache

1 Modeler une grosse boule aplatie pour le corps, une plus petite pour la tête et 2 petits boudins pour les oreilles. Souder les éléments avec un peu d'eau.

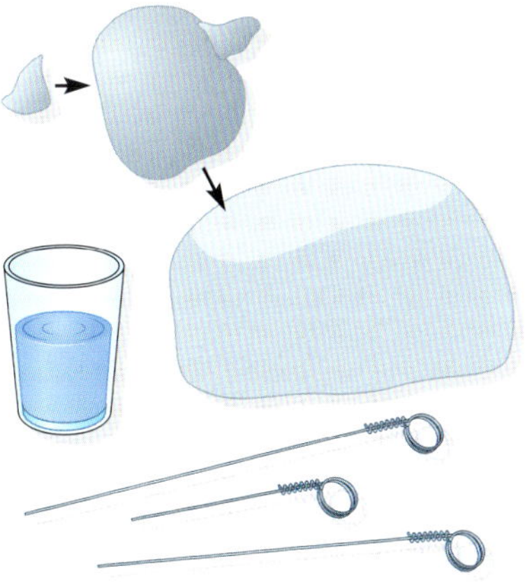

2 Couper 2 grands fils de fer et un plus petit. Entortiller l'extrémité avec un crayon en faisant deux tours.

3 Planter les 2 grands sur la tête pour faire les cornes et le petit pour la queue. Ajouter un petit morceau de pâte sur la queue. Bien laisser sécher avant de peindre les éléments.

Lumières du soir

Matériel

boîtes en carton (sirop, tisane), chutes de tarlatane, ciseaux, crayon, peinture, pinceau, colle, papier gommé, fil de fer, perforatrice, patrons page 198.

1 Couper le haut des boîtes à 9 cm du bas. On peut les consolider avec du papier kraft gommé humidifié à l'éponge.

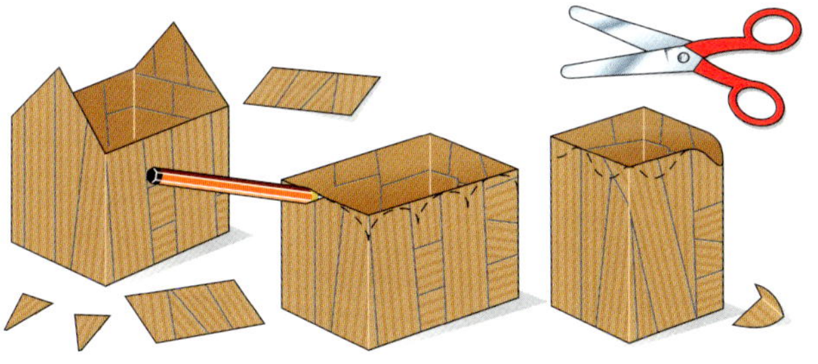

2 Recouper le haut d'une boîte en forme de triangle. Pour les autres boîtes, dessiner des arceaux ou des vagues et recouper selon le tracé.

3 Reporter les patrons des motifs sur les côtés ou dans les angles. Pour la boîte pointue, dessiner un rectangle. Évider les formes aux ciseaux. Faire des trous en haut de la boîte avec des cœurs.

4 Peindre les boîtes à l'intérieur et à l'extérieur. Laisser sécher et passer une deuxième couche.

5 Découper des morceaux de tarlatane de la taille des faces intérieures. À l'intérieur de la boîte, déposer un trait de colle autour des motifs et coller la tarlatane.

On peut percer 2 trous dans un photophore pour le suspendre à l'aide de fil de fer.

Pendentif et broche

Matériel

argile,
peinture,
pinceau,
cordelette,
raphia,
cure-dents,
support de broche,
colle,
ciseaux.

Petit ours

1 Modeler une boule pour le corps et une autre pour la tête. Allonger celle du corps.

2 Modeler 4 boudins pour les membres et les aplatir. Avec un peu d'eau, fixer 2 oreilles sur la tête.

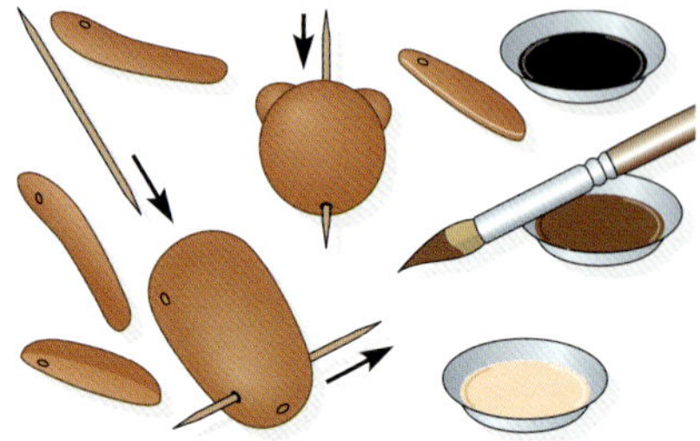

3 Percer chaque élément avec un cure-dents. Laisser sécher l'argile et peindre.

4 À l'aide de raphia, relier la tête et les membres au corps. Faire une boucle au-dessus de la tête. Couper au ras des nœuds.

Souris

Modeler une petite boule et l'allonger pour former le museau. Ajouter 2 oreilles. Laisser sécher avant de peindre. Coller la cordelette et la broche sous la souris.

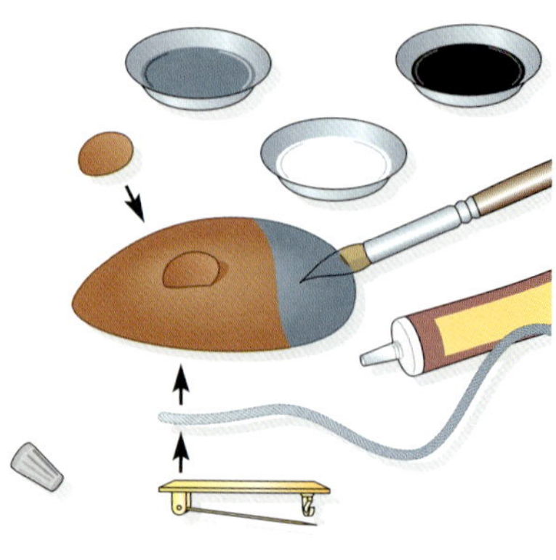

Colliers

1 Étaler la pâte au rouleau. À l'aide du couteau, dessiner un cœur et 4 poissons. Les découper. Pour le collier jaune, modeler 4 petites boulettes et les aplatir. Puis modeler une autre boule et en pincer les extrémités pour former un citron.

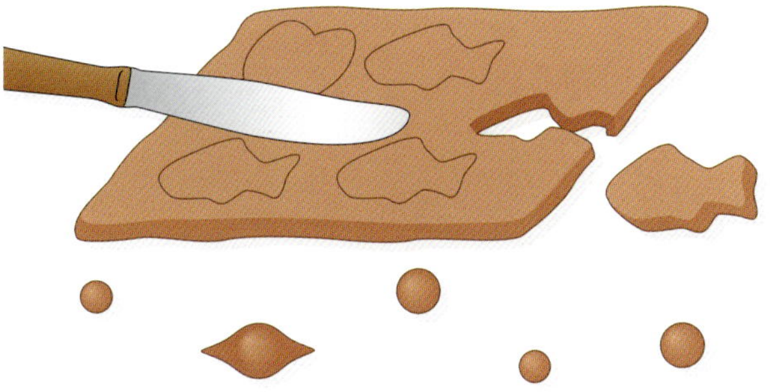

2 Avec un cure-dents, percer 2 trous dans chaque poisson et un trou dans le cœur. Percer le citron et les 4 perles. Laisser sécher l'argile et peindre.

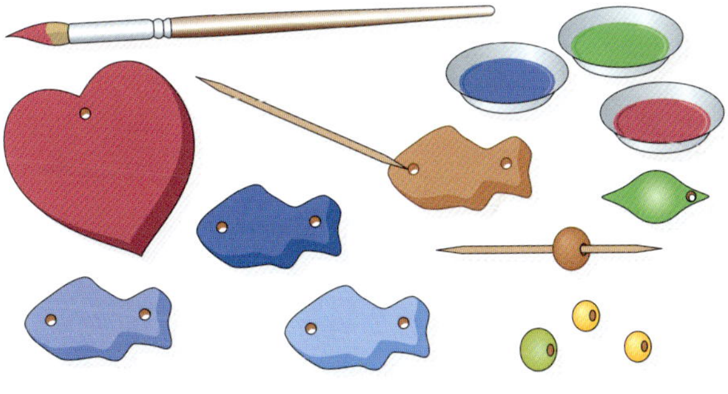

3 Enfiler les poissons à l'aide de 2 brins de raphia. Enfiler les perles et le cœur sur des cordelettes assorties.

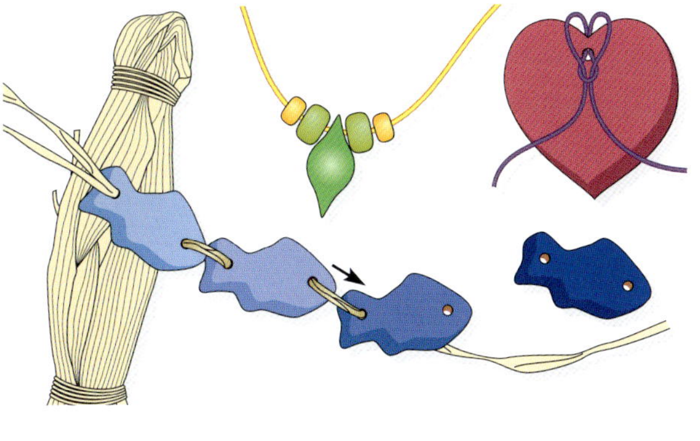

Matériel
argile, peinture, pinceau, couteau, raphia, cordelette, ciseaux, rouleau à pâtisserie, cure-dents.

Drôles de cadres

Matériel
boîtes à fromage, pâte à modeler autodurcissante, peinture, pinceau, fil de fer fin, colle, pince coupante, ficelle, couteau à bout rond.

1 Peindre le fond des boîtes à fromage avec des couleurs vives. Peindre la tranche et le dessous d'une autre couleur. Bien laisser sécher.

Couper des petits morceaux de ficelle d'environ 10 cm et les coller au dos des boîtes en formant une boucle afin de pouvoir les fixer au mur.

2 Aplatir des boulettes de pâte pour réaliser les éléments. Puis découper les contours des animaux, des fleurs, de la soucoupe et des étoiles au couteau.
Planter des petits morceaux de fil de fer. Ajouter des petites boulettes de pâte pour les pattes des animaux, les rayons du soleil et les pieds de la soucoupe.

3 Bien laisser sécher la pâte et peindre tous les éléments.

4 Coller le mouton, la soucoupe, la planète, la poule et la coccinelle au fond des boîtes.

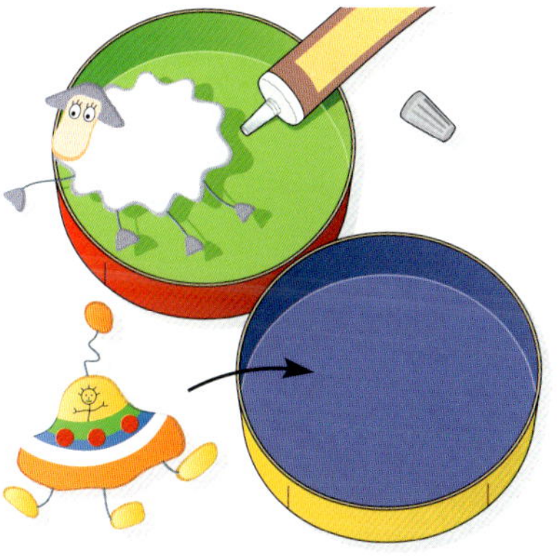

5 Pour fixer les petits éléments, glisser l'extrémité du fil sur le côté de la boîte, le faire ressortir au dos et le scotcher.

Papa, maman

Matériel

grosses boules de cotillon, feutres, carton ondulé fin, fil de fer fin, carton mousse de 1 cm d'épaisseur, règle, peinture, pinceau, papier de couleur, crayons, colle, ciseaux, cutter, pots de yaourt en plastique, perforatrice, patrons page 199.

1 Peindre les boules de cotillon. Faire les yeux et les oreilles à l'aide d'une perforatrice. Coller. Dessiner les autres éléments du visage au feutre.

2 Demander à un adulte de découper 2 carrés de carton mousse de 4 × 4 cm au cutter. Lui demander de percer un trou de la taille du crayon au fond des pots. Peindre les carrés et les pots.

3 Pour faire les cheveux, découper un rectangle de carton ondulé de 3 × 2 cm. Découper entre les cannelures sur 1 cm. Coller et remonter la frange.

Pour la fille, découper un morceau de carton ondulé de 17 × 1 cm et y glisser un morceau de fil de fer fin de même longueur. Coller les cheveux sur la frange et rouler leurs extrémités.

4 Encoller le haut des crayons et les enfoncer dans les têtes. Passer les crayons à travers l'épaisseur du carton mousse et fixer le tout dans les pots.

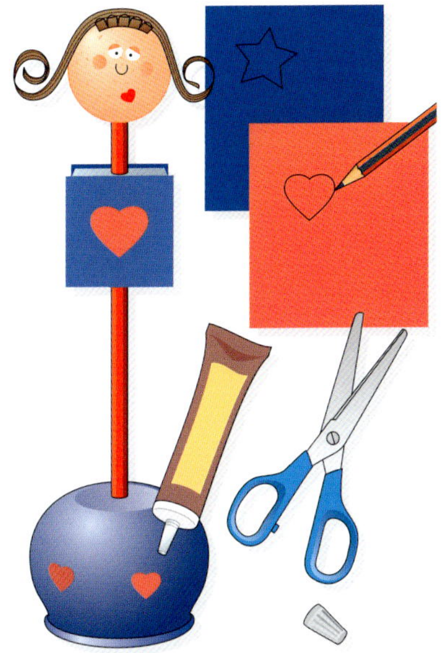

5 Reporter les patrons des cœurs et des étoiles sur du papier de couleur. Découper et coller les éléments sur le carton et sur les pots.

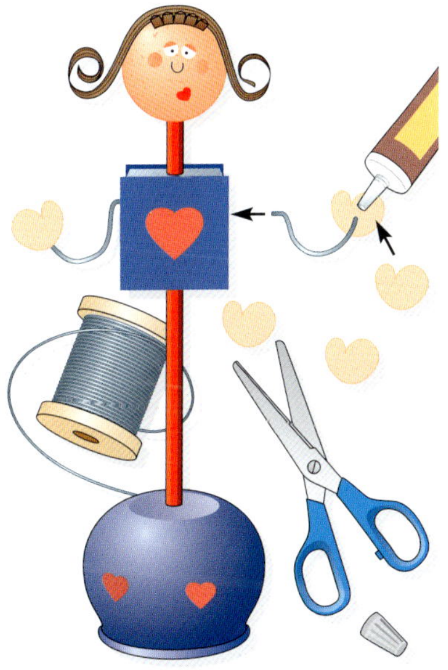

6 Pour les bras, couper 4 morceaux de fil de fer de 6 cm. Reporter 8 fois le patron des mains. Découper et coller 2 mains autour du fil de fer. Enfoncer les fils dans la mousse.

Serre-livres

Matériel

boîtes en carton de récupération (poudre à laver), carton fin, ficelle, carton ondulé fin, peinture, pinceau, ciseaux, cutter, colle, papier calque, boules de cotillon, crayons de couleur, patrons page 199.

1 Demander à un adulte de découper dans les boîtes une fente pour les girafes et deux pour les éléphants. Puis percer des trous comme sur le schéma. Réaliser les boîtes en symétrie.

2 Reporter les patrons sur du carton, découper. Pour les oreilles des éléphants, les reporter sur du carton ondulé. Découper les taches des girafes et des ronds pour les yeux.

3 Peindre les boîtes, passer 2 couches. Percer des trous dans les pieds et peindre tous les éléments. Les cous, les trompes et les oreilles doivent être symétriques d'une boîte à l'autre.

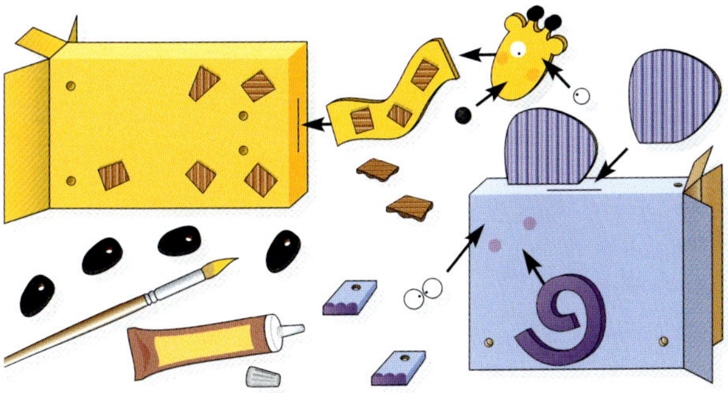

4 Coller les éléments et 2 boules de cotillon pour les nez des girafes. Insérer les cous et les oreilles dans les fentes.

5 Peindre des morceaux de ficelle de 10 cm pour les pattes et les queues. Faire un nœud, passer la ficelle dans un trou puis enfiler le pied et finir par un nœud. Ajouter les queues. Lester les boîtes de cailloux.

Tee-shirts décorés

Matériel

tee-shirts en coton, peinture et cerne relief rose nacré pour tissu, bristol, carton, scotch repositionnable, crayon, ciseaux, brosse à pochoir.

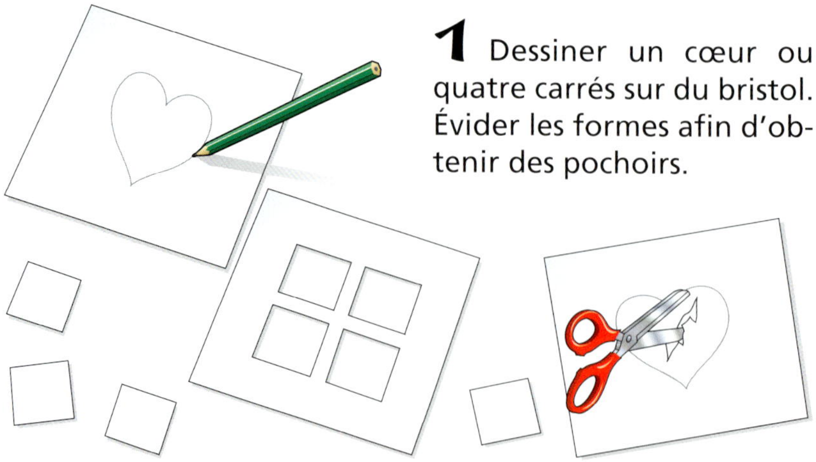

1 Dessiner un cœur ou quatre carrés sur du bristol. Évider les formes afin d'obtenir des pochoirs.

3 Poser le pochoir bien à plat sur le tissu. Peindre le motif en tenant la brosse verticale et en tamponnant. Pour les carrés, laisser sécher entre chaque couleur.

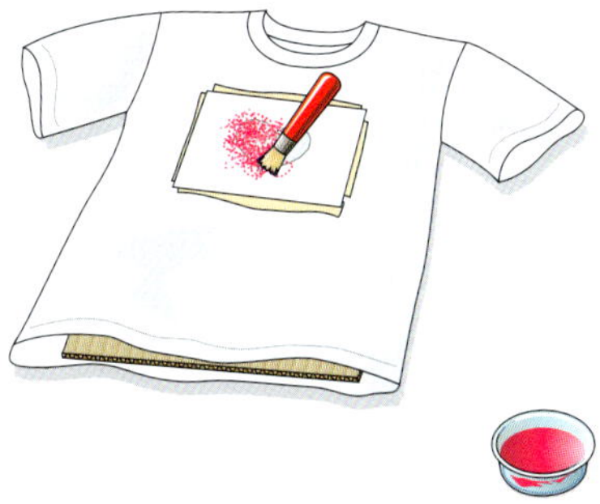

4 Dessiner des traits autour du cœur directement avec le tube de cerne relief. Laisser sécher selon les indications du fabricant.

5 Pour fixer la peinture après séchage, demander à un adulte de repasser le tee-shirt sur l'envers pendant 2 minutes au fer chaud. La peinture résistera alors au lavage à 40°.

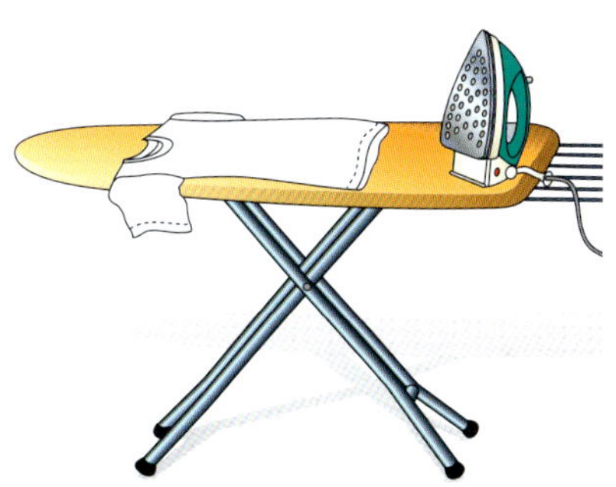

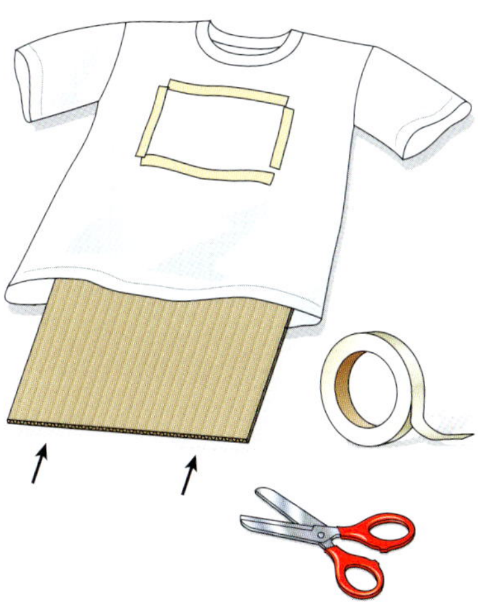

2 Pour bien centrer le motif choisi sur le tee-shirt, faire des repères au préalable avec du scotch repositionnable.

Glisser un morceau de carton entre les deux épaisseurs de tissu afin que la peinture ne traverse pas au dos du tee-shirt.

Coquetteries

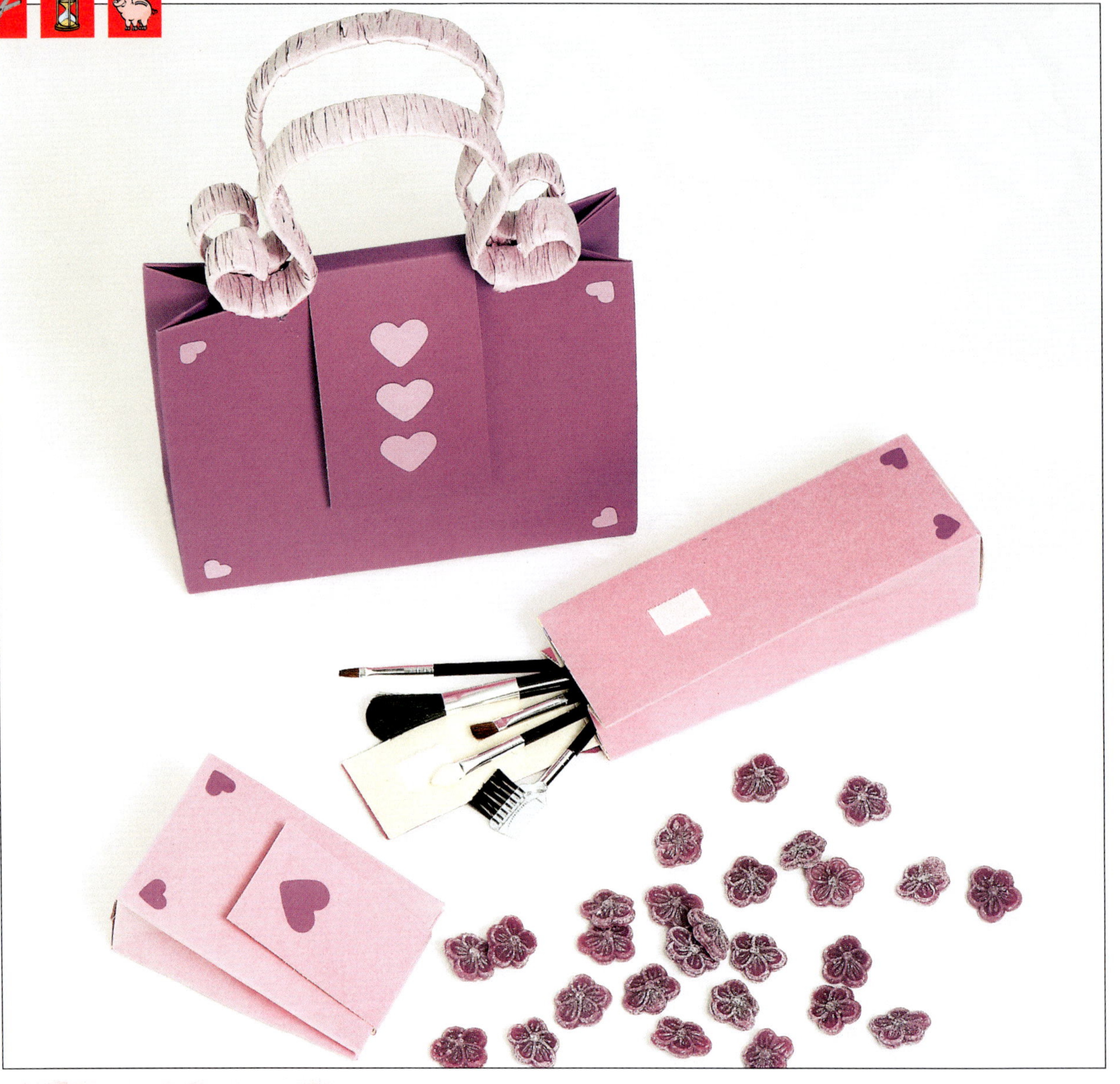

Matériel

boîtes en carton (céréales, sauce tomate...), ciseaux, papier de couleur, raphia de papier, carton ondulé, carton fin, colle, fil de fer fin, Velcro adhésif, perforatrice.

1 Déplier les boîtes en décollant doucement les rabats. Découper la partie supérieure.

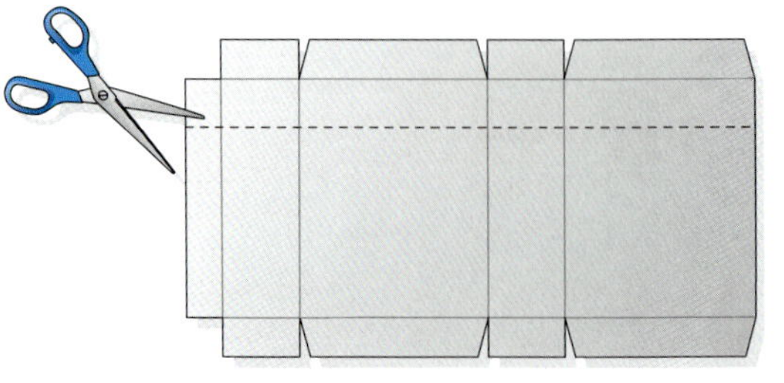

2 Bien encoller les boîtes et les poser sur le papier de couleur. Bien lisser le papier avec le plat de la main pour éviter les bosses.

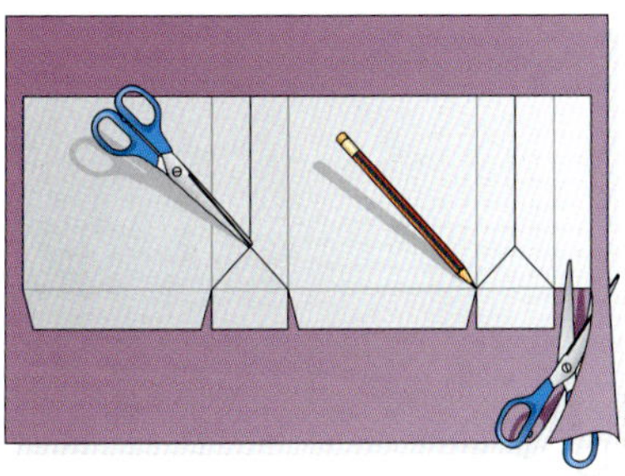

3 Tracer des plis comme sur le schéma et les marquer avec la pointe des ciseaux. Découper le papier en suivant les contours du carton.

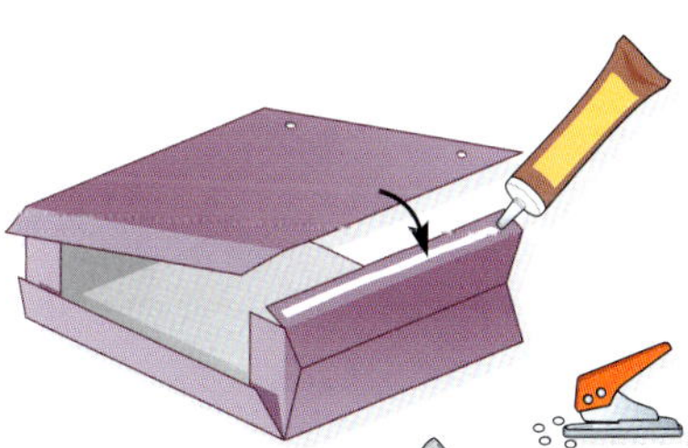

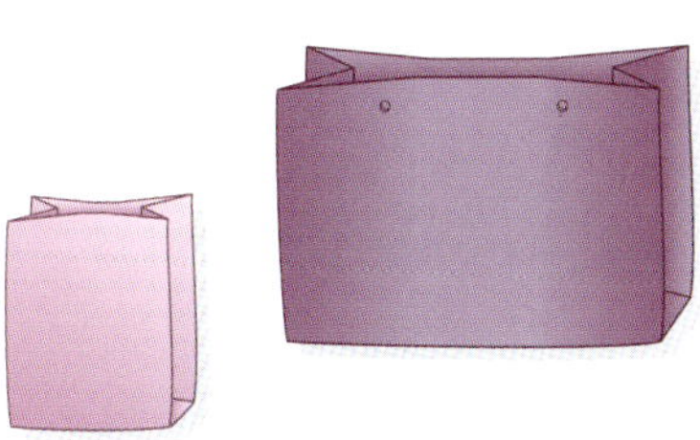

4 Reconstituer les boîtes en recollant les rabats. Pour le sac, percer 4 trous pour fixer les anses.

5 Dans des chutes de carton, tracer et découper des rectangles un peu moins larges que les boîtes (18 × 6 cm pour le sac). Les encoller et les poser sur le papier. Découper au ras du carton.

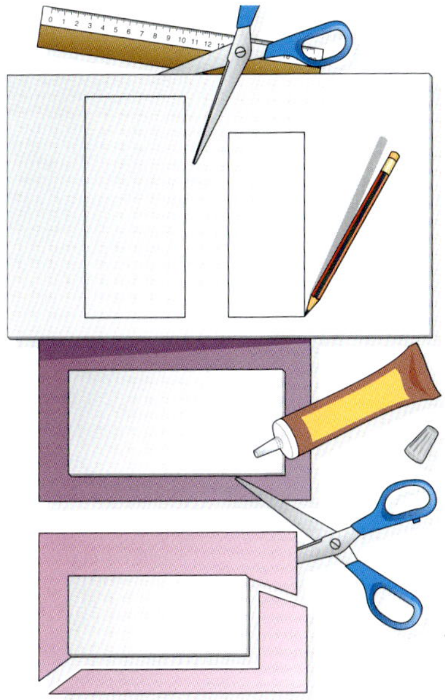

6 À l'aide de ciseaux, former deux plis comme sur le schéma du rectangle. Coller le rabat au dos du sac. Coller 2 morceaux de Velcro pour fermer sur le devant.

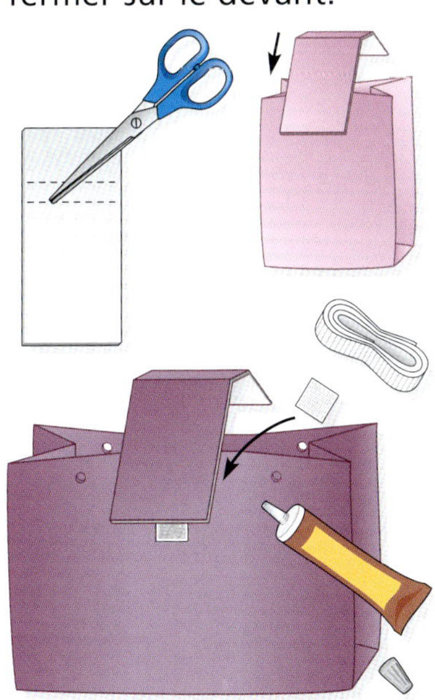

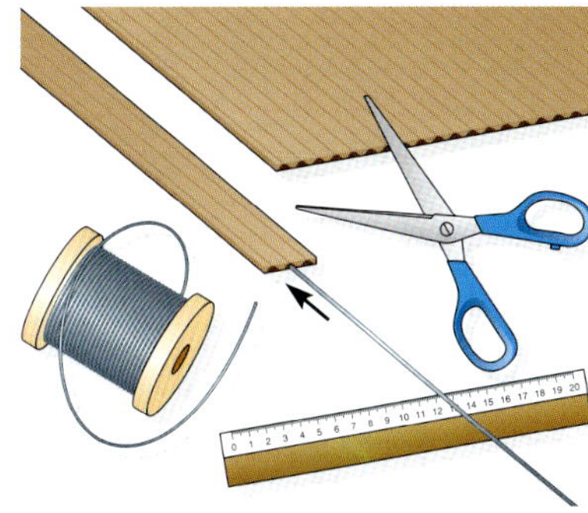

7 Pour les anses du sac, découper 2 bandes de 40 × 2 cm dans du carton ondulé en suivant le sens des cannelures. Y insérer du fil de fer de même longueur.

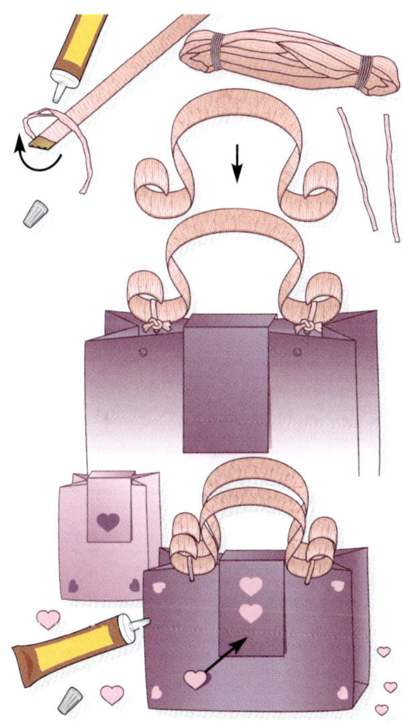

8 Recouvrir les anses en enroulant du raphia. Finir avec un point de colle. Donner la forme aux anses et les fixer au sac en les nouant au niveau des trous avec du raphia. Reporter les patrons des cœurs sur du papier aux couleurs assorties. Les découper et les coller.

Bijoux tendresse

Matériel

papier et plaques de mousse de différentes couleurs, ciseaux, cure-dents, fermoirs à vis, supports de barrettes, colle sans solvant.

1 Sur la mousse, tracer des bandes de 20 × 3 cm pour les perles longues et de 20 × 2 cm pour les perles rondes. Sur le papier, tracer des bandes de 20 × 2,5 cm. Découper.

2 Sur ces bandes, tracer des lignes obliques pour obtenir de longs triangles. Les découper.

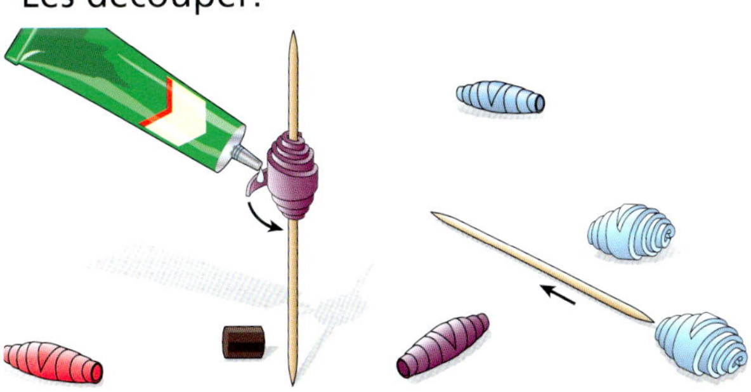

3 Enrouler les bandes autour d'un cure-dents en partant de l'extrémité la plus large. Coller l'autre extrémité pour finir la perle. Retirer doucement le cure-dents.

4 Enfiler l'extrémité d'une ficelle dans le fermoir. Faire un nœud. Enfiler la première perle. Pour cacher les fils qui dépassent, les rentrer à l'intérieur de la perle avec un cure-dent. Enfiler toutes les perles et installer l'autre fermoir de la même façon.

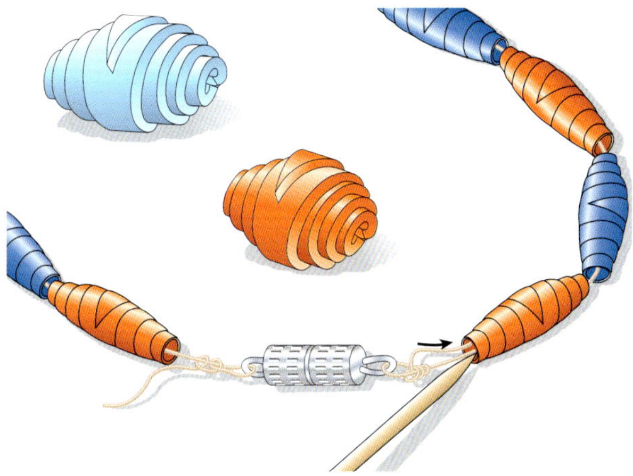

On peut également créer des barrettes selon le même principe.

Boîtes en fête

Matériel

carton gris de 2 mm d'épaisseur, carton ondulé fin, rouleau de kraft gommé, scotch, crayon, ciseaux, éponge, règle, peinture, pinceau, patrons page 200.

Le cœur

1 Reporter le patron du cœur sur le carton gris. Découper. Au dos du carton ondulé, tracer et découper une bande de 40 × 4 cm.

2 Fixer la bande autour du fond de la boîte à l'aide de scotch. Placer les cannelures à l'intérieur. Recouper à la bonne longueur.

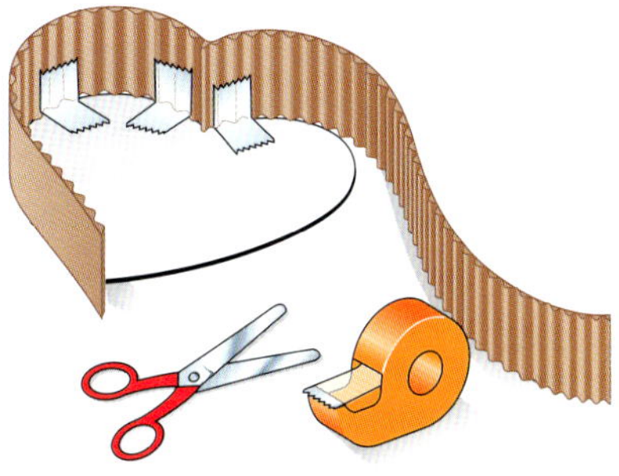

3 Découper des bandes de kraft gommé de 8 cm. Les encoller avec une éponge mouillée et recouvrir la boîte. Pour les arrondis, découper des crans. Laisser sécher complètement.

4 Pour le couvercle qui est un peu plus grand, poser le haut de la boîte sur le carton gris et tracer le contour au crayon. Découper.

5 Découper une bande de carton ondulé de 40 × 2 cm. La fixer au couvercle selon le même principe.

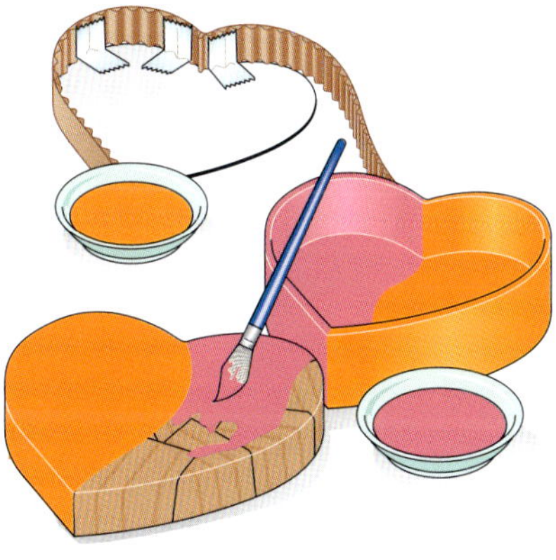

6 Attendre que le kraft gommé soit bien sec pour peindre les éléments. Bien laisser sécher.

La boîte « montre » se réalise selon le même procédé.

L'oiseau

Reporter le patron et monter la boîte de la même façon que le cœur. Reporter le patron des pattes sur du carton mousse et celui du bec sur du papier. Percer 4 trous et fixer les pattes à l'aide de ficelle. Finir par des nœuds. Dessiner un œil.

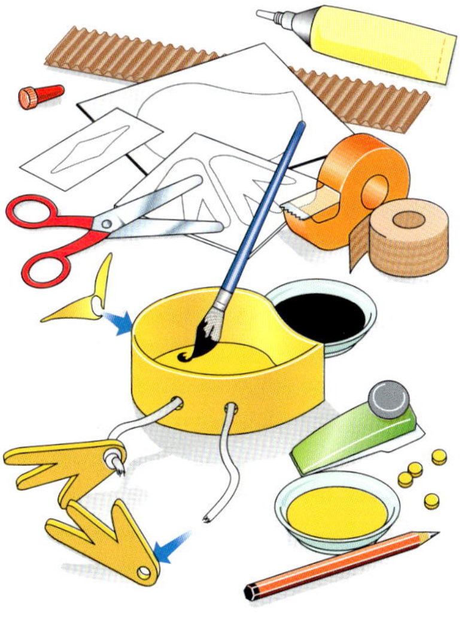

Voilà l'été, les artistes en herbe vont en profiter ! Pour s'amuser et créer tout au long des vacances, à la campagne, en ville ou au bord de la mer, voici une foule d'idées originales et variées.

C'est un plaisir pour les enfants de ramasser des coquillages, de la mousse, des feuilles, des galets ou du sable pour réaliser des tableaux en relief, des cadres inédits, des jolis carnets, des drôles de personnages et même un jeu de dames !

Avec un peu de carton et de la pâte à modeler, ils fabriquent aussi des boîtes à trésors, un bateau, un jeu de pêche, un chamboule-tout ou des animaux rigolos.
Cet été, il est interdit de s'ennuyer !

Activités d'été

Courrier d'été

Matériel

papiers de couleur, papier blanc, colle, feutre noir, crayon, peinture, pinceau, règle, ciseaux.

À la campagne

1 En appuyant légèrement, dessiner la tige, les feuilles, le cœur et les pétales de la fleur au crayon sur des papiers de couleur.

2 Déchirer délicatement le papier en suivant le tracé.

3 Tracer puis découper un rectangle suffisamment grand pour contenir la fleur. La coller dessus.

4 Le mouton et la coccinelle se réalisent selon le même principe.

5 Peindre les pattes, les yeux et le museau du mouton. Dessiner les pattes et les antennes de la coccinelle au feutre noir.

À la mer

1 Tracer puis déchirer le soleil, les vagues, la voile et la coque du bateau.

2 Découper un rectangle de papier bleu. Coller au bord une bande de papier déchiré plus large puis en recouper les bords. Coller les éléments.

3 Tracer puis déchirer le poisson, ses écailles, son nez, son œil et des petits morceaux de papier jaune. Découper un rectangle de papier jaune.

4 Coller 2 bandes de papier bleu sur les bords puis les recouper soigneusement. Coller les éléments.

Jolis galets

Matériel

galets, peinture, pinceau, crayon, vernis, chiffon, papier calque, colle forte, patrons page 201.

Décor maritime

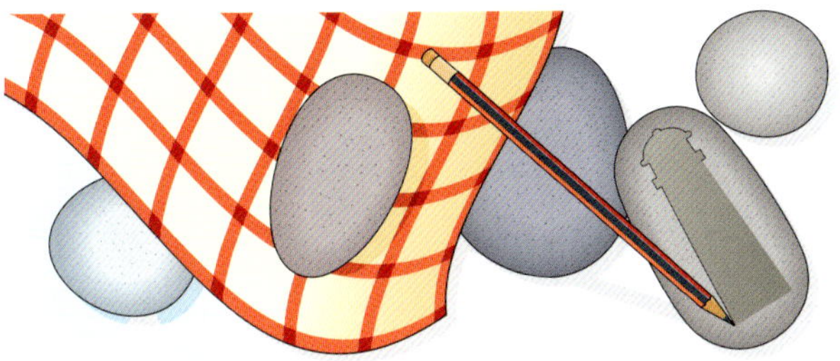

1 Choisir des galets bien lisses. Les laver et bien les sécher. Reporter le patron des différents décors sur les galets.

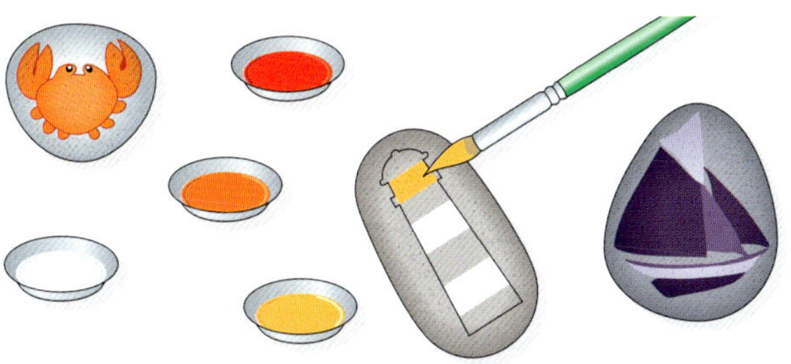

2 Peindre les décors en commençant par les couleurs les plus claires. Laisser sécher complètement et repasser une seconde couche si le galet est foncé.

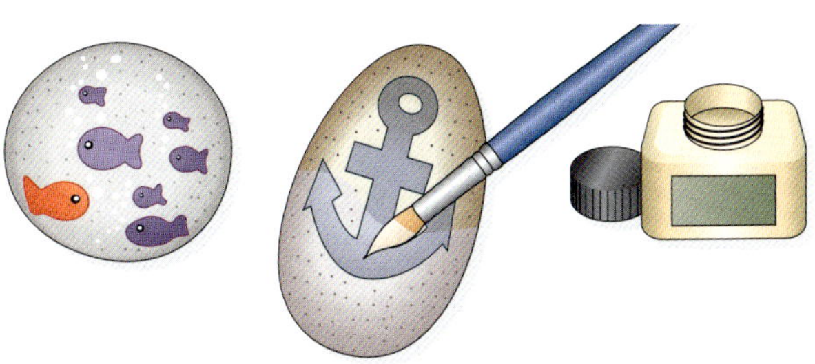

3 Vernir le dessus des galets quand la peinture est sèche. Bien laisser sécher puis vernir le dessous.

Décor coccinelle

1 Choisir 2 petits galets bien plats. Les peindre en rouge. Laisser sécher. Peindre une ligne noire au milieu du galet. Peindre la tête, les pois et les yeux. Laisser sécher.

2 Vernir les galets, laisser sécher puis les coller sur un pot de fleurs.

Chamboule-tout

Matériel

papiers de soie, papiers de couleur, boîtes de conserve (8 moyennes et 2 petites), élastiques, ciseaux, règle, crayon, colle, scotch double-face, patrons page 202.

1 Mesurer la hauteur des boîtes moyennes. Découper 3 bandes de cette hauteur dans du papier blanc et 2 autres dans du papier marron.

Enrouler ces bandes sur les boîtes pour faire les troncs des arbres et les murs de la maison. Scotcher.

3 Découper des ronds de papier rouge, les coller sur un arbre. Scotcher le toit sur une boîte, scotcher le feuillage des arbres sur 2 autres boîtes et les buissons sur les 2 petites boîtes.

4 Poser les 2 boîtes de feuillage sur les troncs et celle du toit sur les murs. Froisser 3 feuilles de papier de soie pour chaque balle et les entourer d'élastiques.

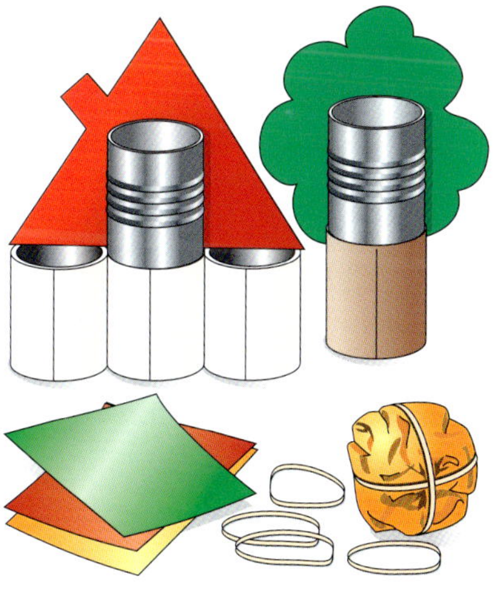

2 Reporter les patrons des éléments du décor sur des papiers de couleurs différentes. Découper. Coller les fenêtres, la porte, ajouter la lucarne du toit. Coller les bandes de buisson et les fleurs par-dessus.

Le gagnant est celui qui fait tomber toutes les boîtes d'un coup avec sa balle !

Boîtes à trésors

Matériel

boîtes d'emballage en carton, carton, peinture, pinceau, attache parisienne, crayon, règle, colle, scotch, raphia, brin de laine, ciseaux, bâtonnet, coquillage percé.

Boîte marine

1 Découper 3 rabats d'une boîte. Tracer sur du carton un rectangle de 3 cm plus grand que l'ouverture de la boîte. Découper. Recouper 3 côtés en forme de vagues.

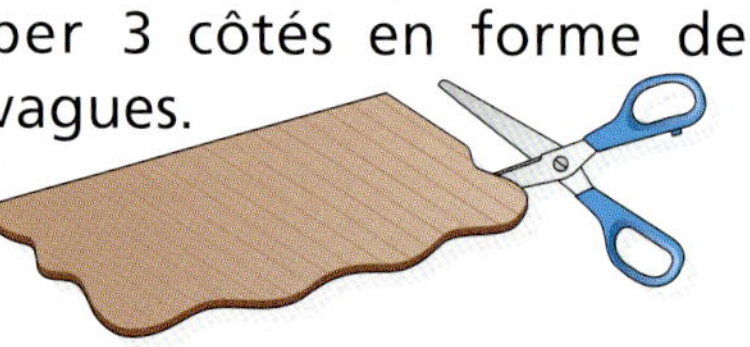

2 Coller le rectangle sur le rabat pour faire un couvercle. Peindre toute la boîte en bleu, laisser sécher puis peindre des motifs décoratifs.

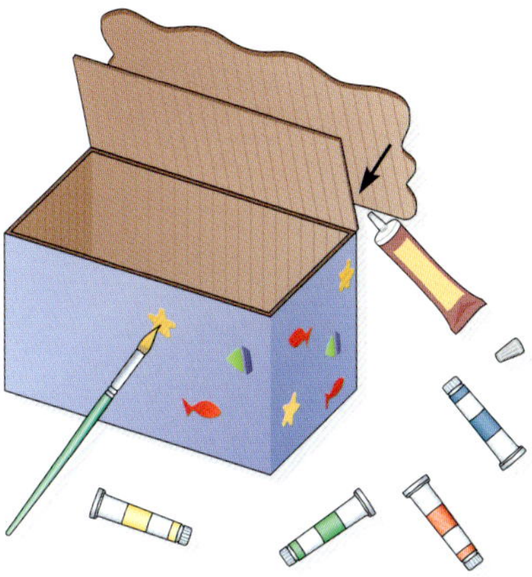

3 Avec la pointe des ciseaux, percer un trou au bord du couvercle et un autre sur le devant de la boîte, à 3 cm du bord.

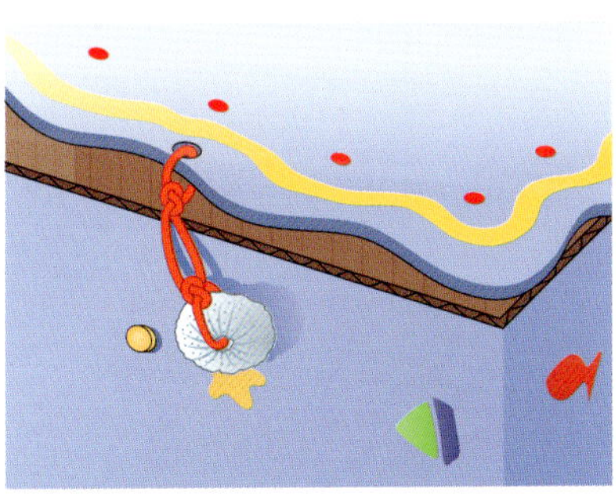

4 Glisser une attache parisienne dans le trou du bas, la scotcher à l'intérieur. Dans le trou du haut, passer un brin de laine noué à un coquillage percé.

Boîte champêtre

1 Couper les bords d'une boîte. Découper un couvercle de 2 cm plus large que l'ouverture de la boîte dans du carton. Marquer un pli à 2 cm du bord. Coller le bord du couvercle sur la boîte. Peindre.

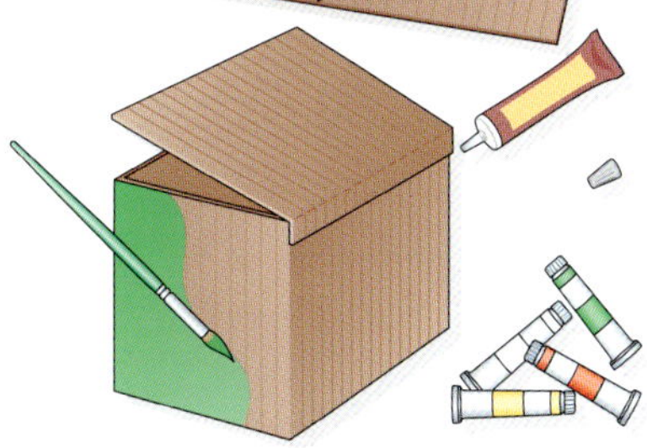

2 Percer 2 trous comme pour la boîte marine. Glisser une boucle de raphia dans le trou du couvercle, nouer à l'intérieur. Attacher un bâtonnet à du raphia, passer le raphia dans le trou de la boîte, nouer à l'intérieur.

Cadres nature

Matériel

carton d'emballage, coquillages, bois flotté, fleurs, peinture, pinceau, cutter, règle, colle, crayon.

Cadres marins

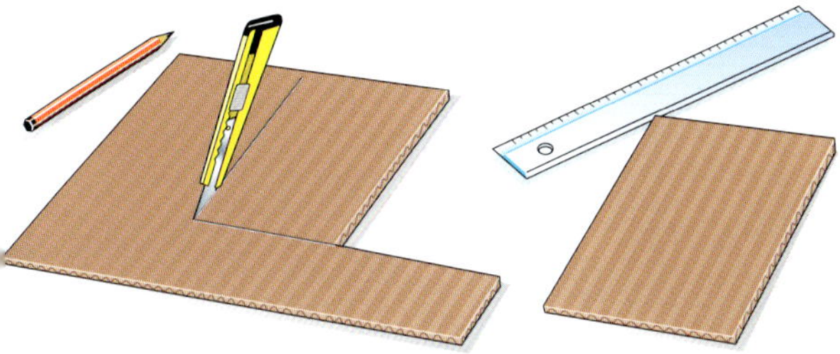

1 Tracer sur le carton 2 rectangles de 20 x 16 cm. Demander l'aide d'un adulte pour découper au cutter.

2 Peindre le carton ou dessiner dans le cadre un rectangle plus petit. Peindre alors en 2 couleurs différentes. Laisser sécher.

3 Coller du bois flotté ou des coquillages en procédant par séries : des coquillages plats, puis des bigorneaux, etc. Coller une photo.

Cadre fleuri

1 Poser des fleurs entre 2 feuilles de papier journal. À l'aide de gros livres, mettre sous presse pendant 5 jours pour les sécher et les aplatir.

2 Découper un rectangle de carton, le peindre. Au centre du carton, tracer un ovale au crayon. Coller les fleurs tout autour et coller une photo.

À la pêche !

Matériel

pots de petits-suisses, plaques de mousse, ruban adhésif de couleur, colle, ciseaux, cutter, gommettes, fil de fer, ficelle, bâton, marqueur, patrons page 199.

1 Sur de la mousse, reporter 8 fois le patron des ailes et 4 fois les patrons du nez, des pattes et de la tête. Découper. Évider le sommet des têtes.

Vider les pots de petits-suisses, tailler les angles pour les arrondir. Coller le bord des pots sur les pattes.

2 Demander l'aide d'un adulte pour entailler au cutter les côtés et le dessus des pots. Encoller la base des ailes et de la tête puis les glisser dans ces fentes.

3 Dans de la mousse blanche, découper des ronds pour les yeux et les coller. Ajouter le bec. Dessiner des points noirs sur les yeux. Coller des gommettes sur les pots.

4 Décorer le bâton de la canne à pêche à l'aide du scotch. Couper et recourber un morceau de fil de fer. Le nouer à une longue ficelle attachée au bout du bâton. Faire flotter les oiseaux dans une bassine d'eau : que la pêche commence !

Carnets souvenirs

Matériel

papiers de couleur, cordelette, raphia, perforatrice, colle, règle, ciseaux, peinture, pinceau, pomme de terre, couteau, végétaux, galets, coquillages.

1 Découper 2 rectangles dans du papier de couleur pour la couverture, et 10 autres rectangles de mêmes dimensions dans du papier écru pour les pages.

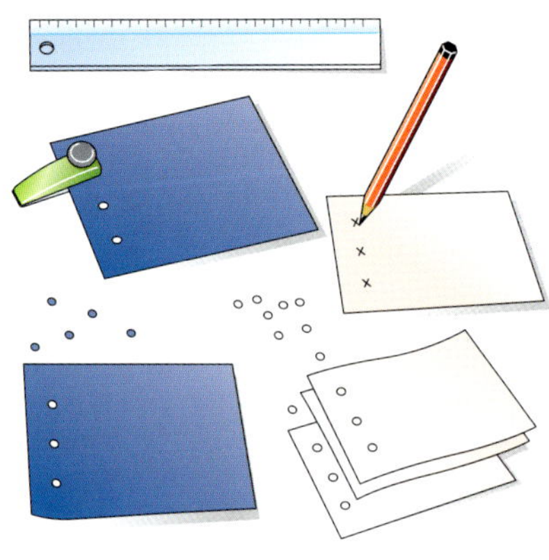

2 Sur le petit côté de chaque feuille, faire 3 trous à 1,5 cm du bord.

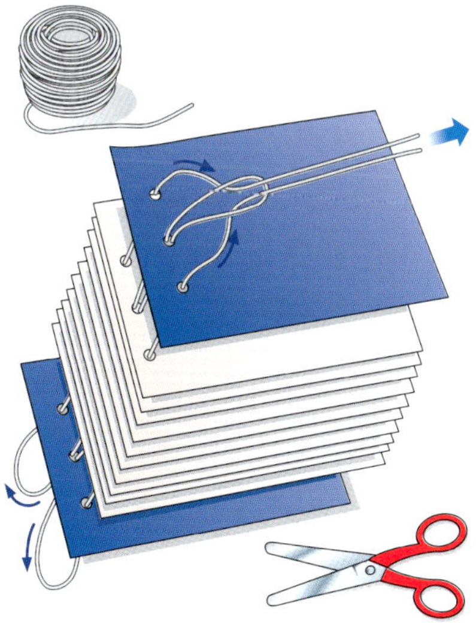

3 Rassembler les feuilles et passer du raphia ou une cordelette dans les trous suivant le schéma. Nouer.

4 Décorer avec des morceaux de papier déchiré, des coquillages, des galets ou des végétaux séchés (voir page 111).

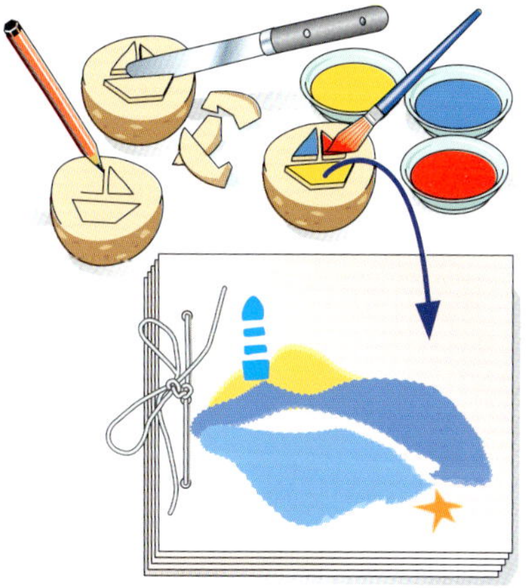

5 Pour le carnet de la mer, découper des motifs au couteau dans des demi-pommes de terre. Les badigeonner de peinture puis tamponner la couverture.

En suspension...

Matériel

pâte à modeler autodurcissante, papier, ciseaux, cure-dents, brindilles, couteau, fil de fer, peinture, pinceau.

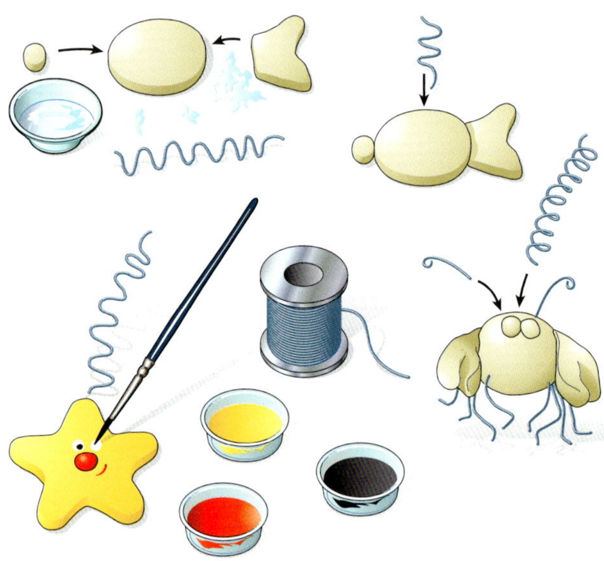

Animaux marins

1 Aplatir 3 grosses boules. Tailler et modeler l'une en étoile. Ajouter 4 boulettes pour les yeux et les nez.

2 Modeler les pinces du crabe et la queue du poisson et les fixer. Planter un fil de fer tirebouchonné au sommet des 3 animaux et 10 petits fils recourbés pour les pattes et les antennes du crabe. Laisser durcir puis peindre.

Vache, cochon

1 Découper des oreilles en papier et 10 morceaux de fil de fer pour les membres et les queues ; tortiller celle du cochon.

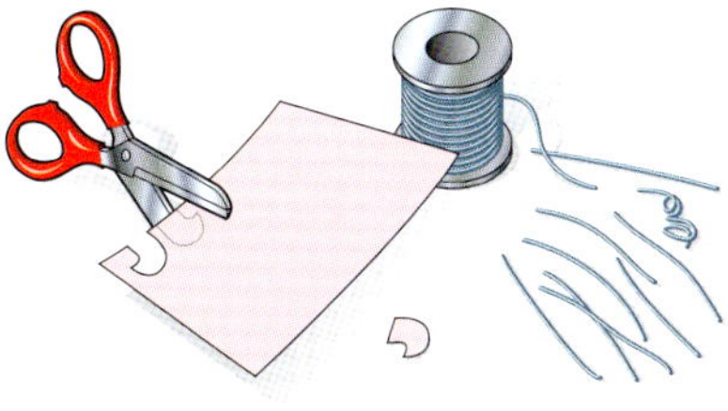

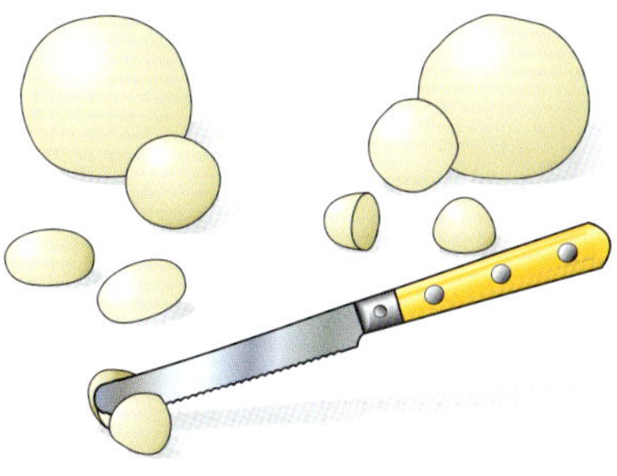

2 Modeler les corps et les têtes et 4 boulettes pour les pieds. Couper les boulettes en deux.

3 Assembler la tête et le corps avec un demi-cure-dents. Planter les pattes et la queue. Ajouter sur le dos un grand fil tirebouchonné.

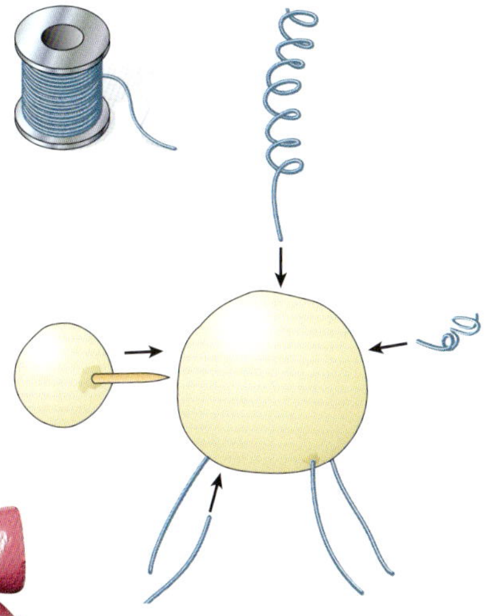

4 Planter les oreilles dans les têtes. Planter les pieds sur les pattes. Ajouter 2 brindilles pour les cornes de la vache et un morceau de pâte au bout de sa queue. Laisser sécher puis peindre.

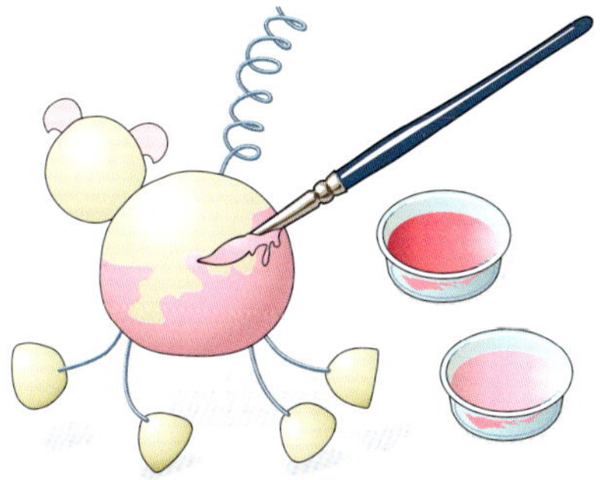

Les copains

Matériel

rouleaux de papier toilette, peinture, pinceau, crayon, colle, lichen, mousse, feuilles, pommes de pin, coquillages, algues, petite tige de plante grasse.

1 Tracer un demi-cercle au sommet des rouleaux pour délimiter le visage.

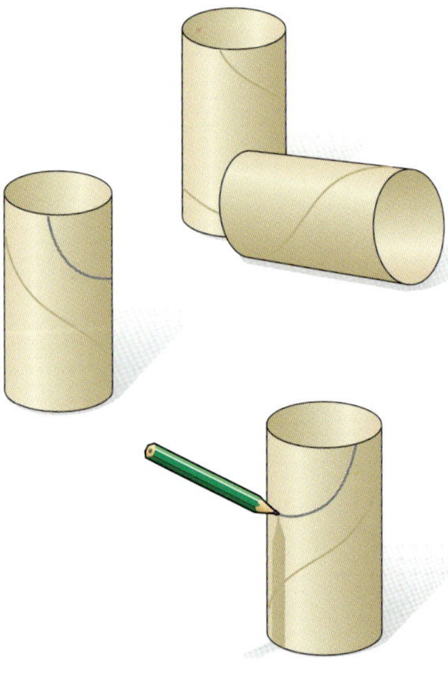

2 En commençant par les couleurs claires, peindre les visages et le fond des vêtements. Laisser sécher.

3 Peindre le détail des visages et des vêtements. Laisser sécher.

4 Coller les accessoires : du lichen, des algues ou de la mousse pour les cheveux et la barbe, une pomme de pin ou bien un coquillage pour les chapeaux, des feuilles pour la coiffe.

Drôles de dames

Matériel

pâte à modeler autodurcissante, papiers de couleur, carton, cutter, ciseaux, peinture, pinceau, colle, fil de fer, perles, coquillages, mini-pommes de pin.

1 Dans le carton, tracer un carré de 35 cm de côté. Demander de l'aide à un adulte pour le découper au cutter. Choisir 40 coquillages ou 40 petites pommes de pin.

2 Peindre toute la surface du carton et laisser sécher complètement.

3 Sur le carré de carton, tracer une grille de 100 carreaux de 3,5 cm de côté chacun. Tracer la moitié de cette grille sur du papier de couleur. Découper les carrés de papier et les coller sur le carton pour former un damier.

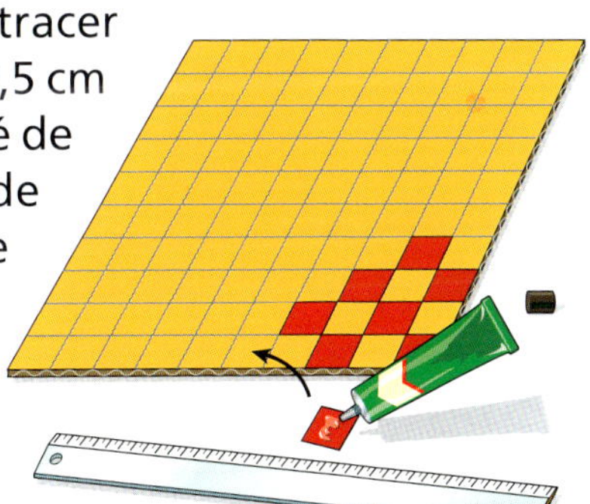

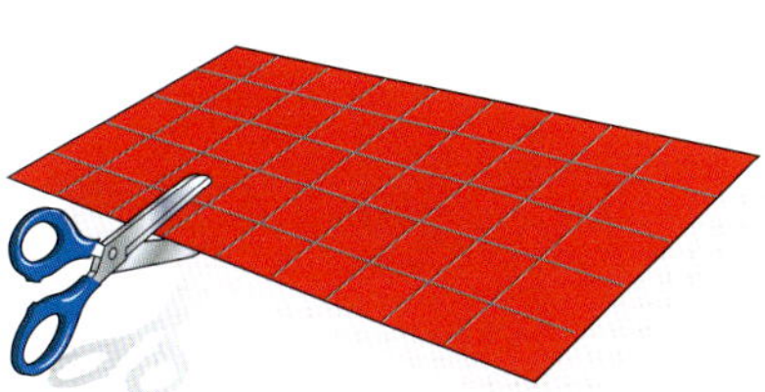

4 Pour les pions en pommes de pin, aplatir des boulettes de pâte à modeler et enfoncer les pommes dessus. Laisser sécher puis peindre 20 pions d'une couleur et 20 d'une autre.

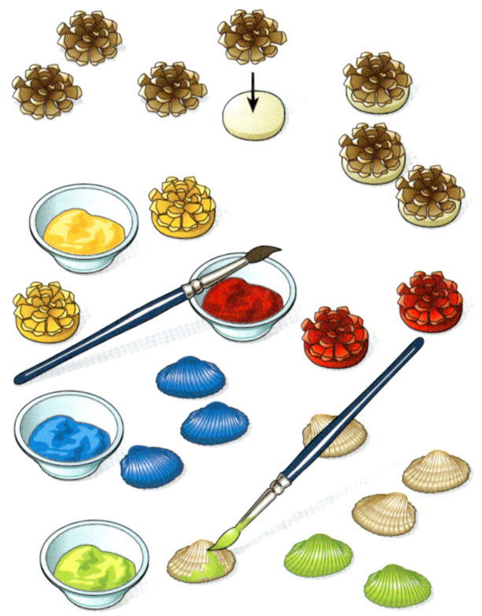

5 Pour le jeu de dames en pommes de pin, couper des petits morceaux de fil de fer, former une petite boucle à une extrémité, enfiler une perle puis enrouler en spirale. Entortiller le fil à la base de la spirale pour former une couronne.

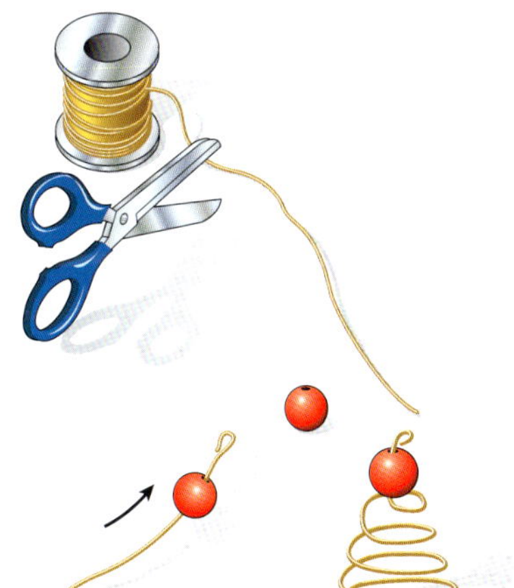

Quand un pion devient dame, on le coiffe de la couronne de fil de fer.

Oh mon bateau !

Matériel
boîte d'œufs en carton, boîtes de cure-dents, papier, coquillages, galets plats, sable, cordelette, pinceau, peinture, ciseaux, colle.

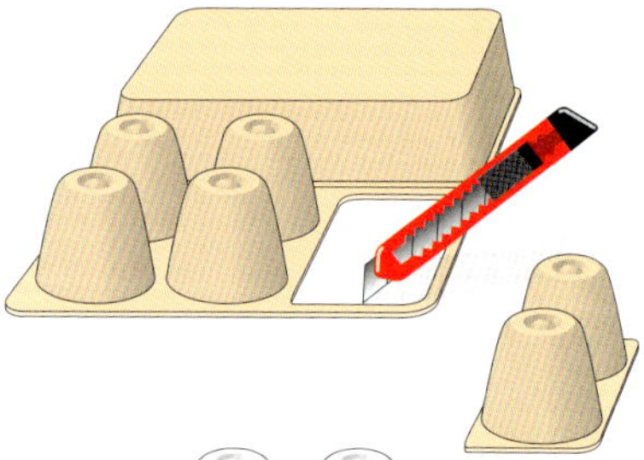

1 Avec l'aide d'un adulte, découper 2 alvéoles de la boîte au cutter. Peindre le dessus et l'intérieur du bateau en blanc. Peindre la coque en bleu. Laisser sécher.

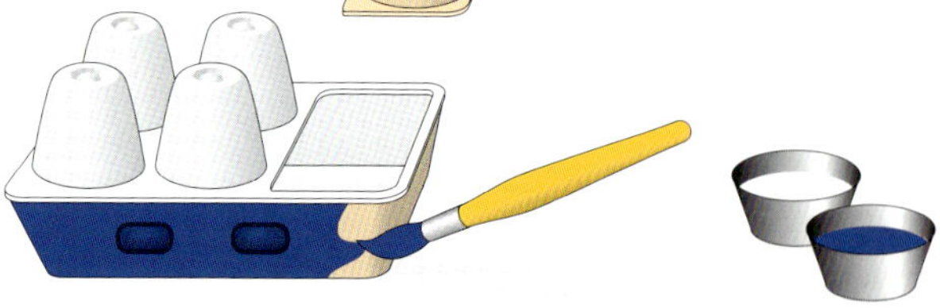

2 Peindre une ligne jaune autour de la coque et 4 ronds bleus pour les hublots. Peindre 2 coquillages percés pour faire les bouées. Pour les cheminées, peindre 2 boîtes de cure-dents.

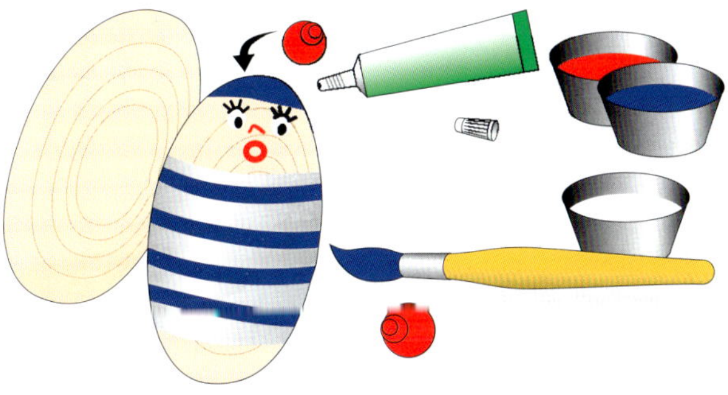

3 Peindre les marins sur des coquillages ou des galets plats. Coller des petits bigorneaux peints en rouge pour les pompons.

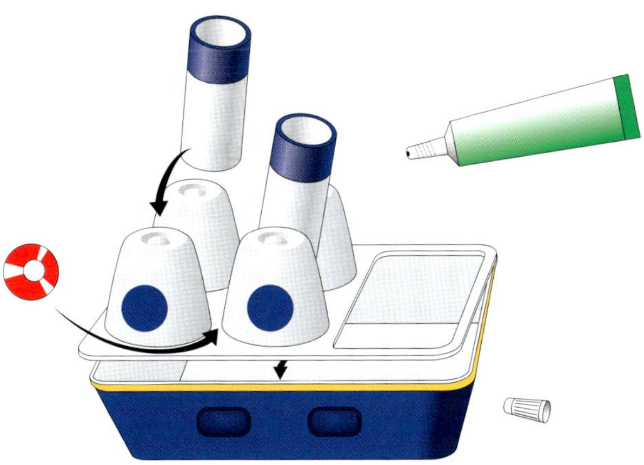

4 Coller les cheminées en les inclinant entre les alvéoles et coller les bouées sur les côtés. Coller le couvercle à la boîte.

5 Découper un triangle de papier, le peindre puis laisser sécher. Coller le triangle sur un cure-dent en enroulant sa base sur le montant en bois.
Demander l'aide d'un adulte pour percer un trou au bord de la coque à l'aide de ciseaux pointus. Glisser le drapeau dans le trou.

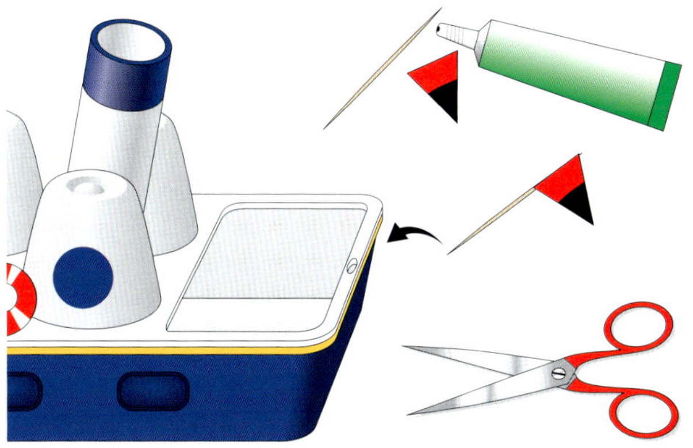

6 Avec l'aide d'un adulte, percer un trou plus large à l'autre extrémité pour y glisser une cordelette. Nouer à la base. Remplir la coque de sable et y planter les personnages.

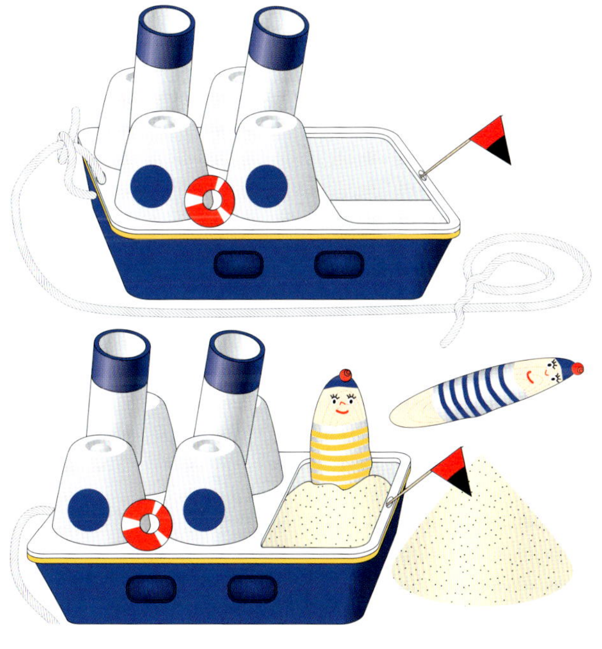

À partir d'une autre boîte, on peut faire un bateau de pirates, une caravelle, etc.

Mon herbier

Matériel

kraft gommé, papier chiffon, bouteille en verre transparent, film adhésif transparent, ciseaux, ficelle, feuilles et fleurs.

Herbier

1 Faire sécher des feuilles et des fleurs (voir page 111). Disposer les végétaux secs sur des feuilles de papier chiffon.

2 Découper des lanières de kraft gommé. Mouiller leur face brillante pour les coller sur les végétaux. Découper et coller des rectangles de kraft gommé. Inscrire dessus le nom des plantes.

Décor naturel

1 Mesurer le tour de la bouteille avec une ficelle et découper un rectangle de film adhésif transparent de cette longueur. Ôter la protection de l'adhésif.

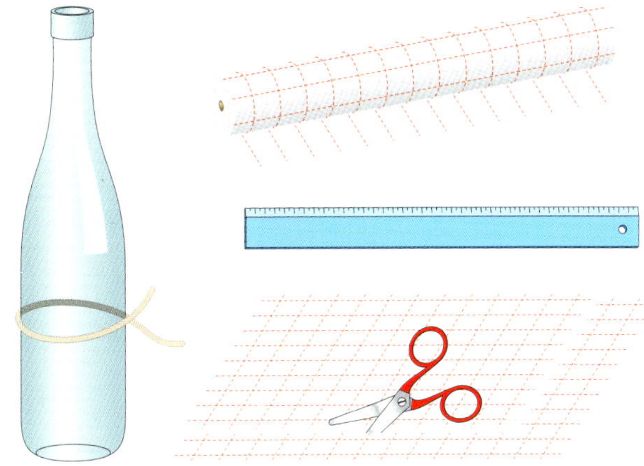

2 Faire des essais de composition avant de placer des végétaux sur la face collante.

3 Coller l'adhésif sur la bouteille en lissant à mesure que l'adhésif adhère pour éviter les bulles d'air.

Tableaux en relief

Matériel

boîtes en carton, kraft gommé, colle, colle blanche, sable, ciseaux, peinture, pinceau, cure-dents, brosse, perforatrice, papier, végétaux, coquillages, ficelle, patron page 199.

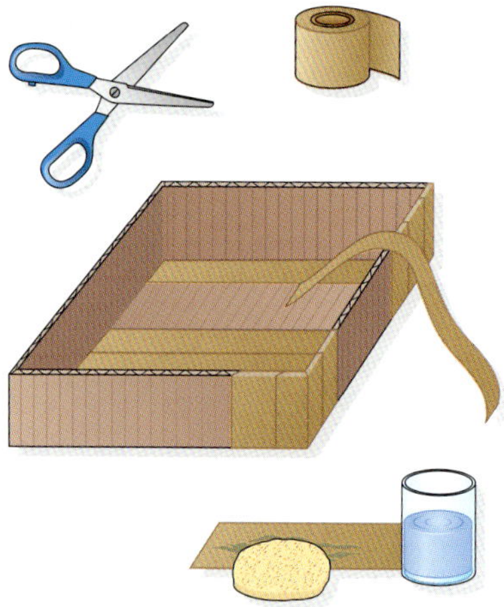

Tableau de plage

1 Recouvrir la boîte de bandes de papier kraft gommé en humidifiant la face brillante du kraft. Chasser les bulles d'air en lissant avec la main.
Bien laisser sécher. Percer 2 trous au sommet du couvercle.

2 Peindre en bleu. Laisser sécher. Pour réaliser les motifs en sable, tremper le pinceau dans un peu de colle blanche. Dessiner des motifs sur les bords et la plage dans un coin à l'intérieur. Saupoudrer de sable et souffler pour ôter l'excédent.

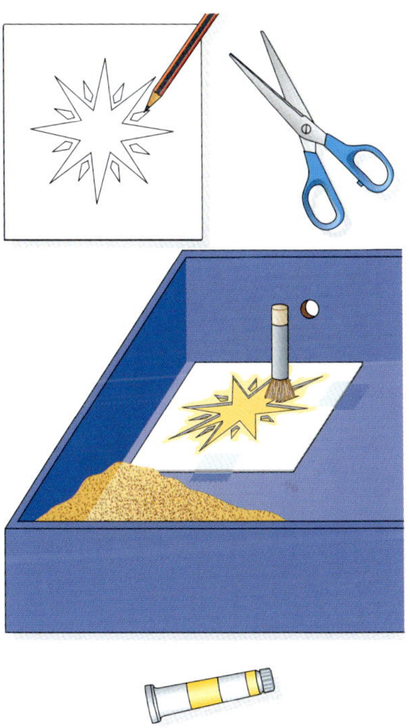

3 Reporter le patron de la rose des vents sur du papier épais. Évider le motif. Poser le pochoir au fond de la boîte et peindre à la brosse.

4 Coller des bouts de papiers découpés sur des cure-dents pour les drapeaux. Coller les éléments du décor. Glisser un bout de ficelle dans les trous et nouer.

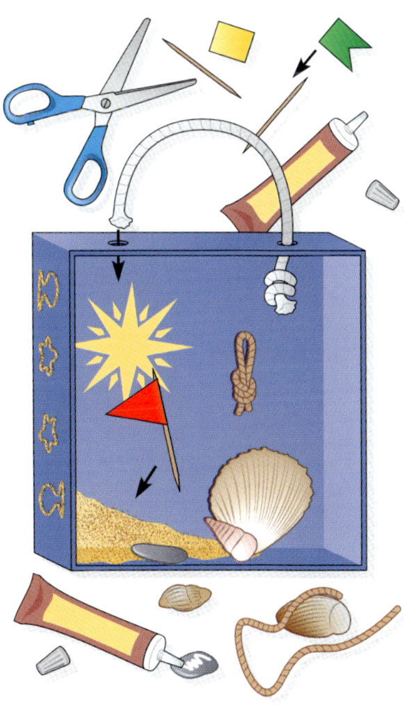

Tableau nature

1 Recouvrir la boîte de kraft gommé. Percer 2 trous et y glisser un ruban.

2 Coller différents végétaux et coquilles à l'intérieur. Coller des brindilles sur les côtés.

Boîtes surprise

Matériel

carton gris (2 mm d'épaisseur), carton ondulé fin, kraft gommé, scotch, crayon, ciseaux, pinceau, peinture, règle, patron page 201.

Le phare

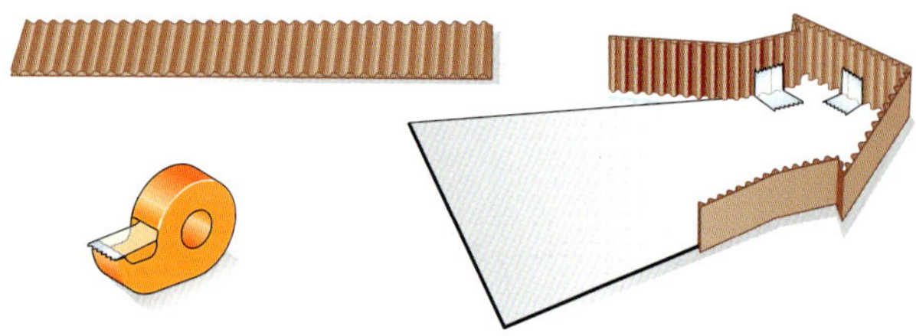

1 Reporter le patron du phare sur le carton. Découper. Dans le carton ondulé, découper 2 bandes de 30 × 4 cm. Les scotcher autour de la forme du phare, cannelures à l'intérieur. Bien marquer les angles.

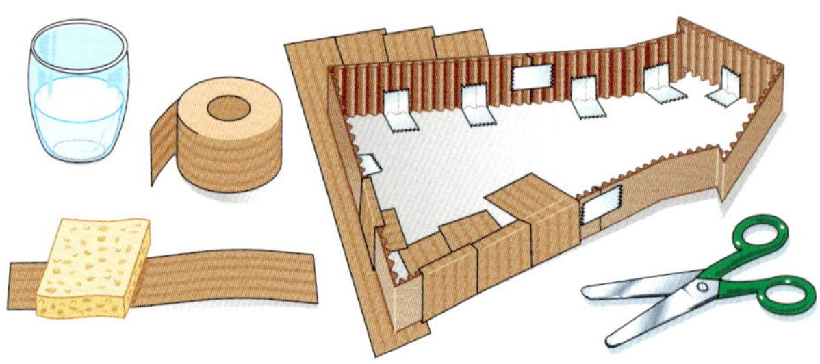

2 Recouvrir la boîte avec des bandes de kraft gommé humidifiées. Laisser sécher.

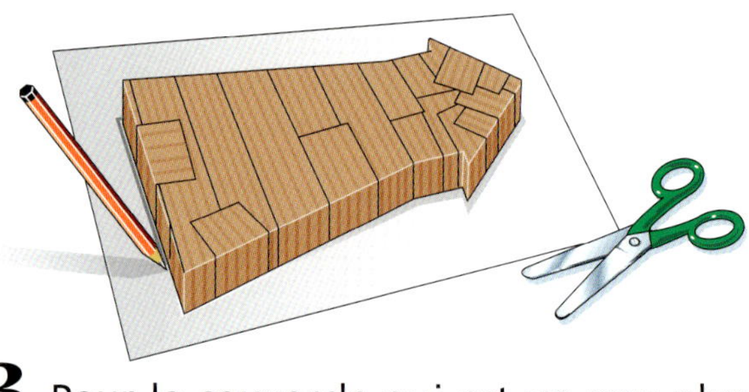

3 Pour le couvercle qui est un peu plus grand, poser la boîte sur le carton et tracer le contour. Découper. Réaliser le couvercle comme la boîte. Peindre.

La maison

1 Découper un rectangle de 10 × 14 cm dans le carton gris. Plier au milieu pour faire le toit de la maison.

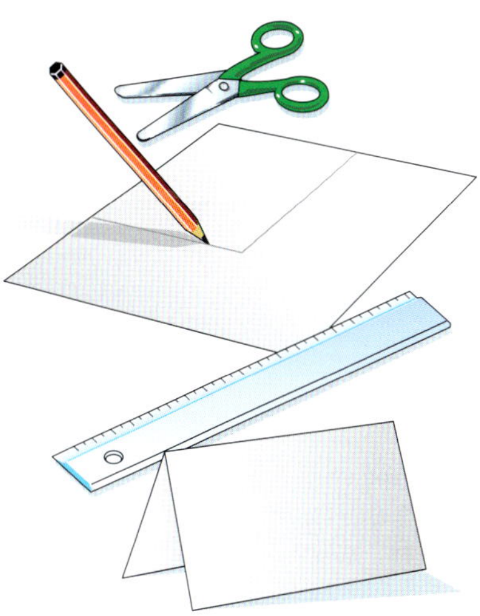

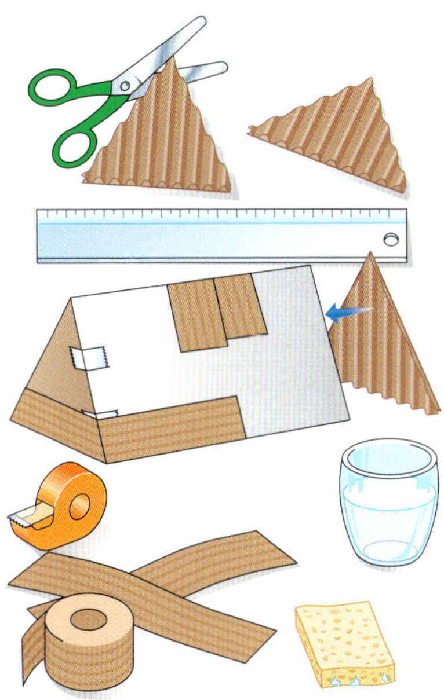

2 Découper 2 triangles dans le carton ondulé. Les scotcher au toit et recouvrir de kraft gommé.

3 Découper un rectangle de 7 × 10 cm pour le fond de la maison et monter des murs de 6 cm de haut. Procéder comme pour le phare.

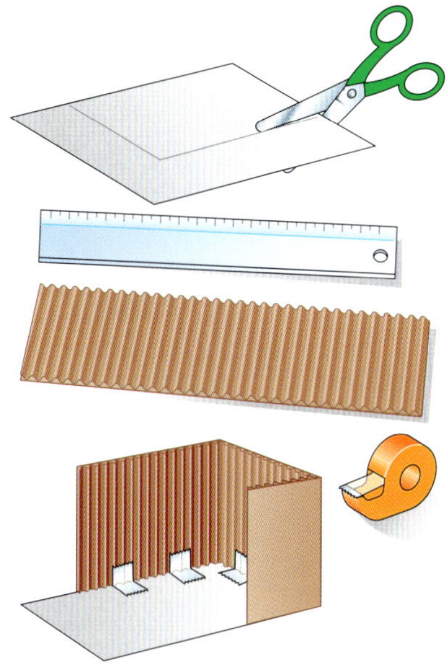

4 Recouvrir de kraft gommé humidifié, laisser sécher puis peindre. On peut protéger les boîtes peintes en passant une couche de vernis à l'eau.

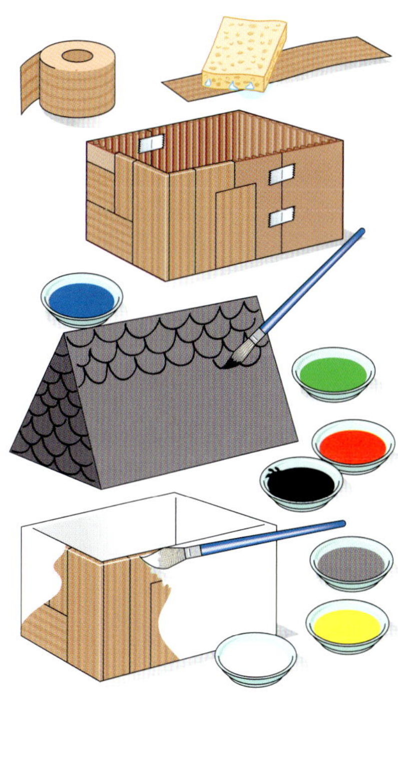

Horreur !... Les monstres se réveillent... C'est Halloween ! Voici une nouvelle occasion de s'amuser et de montrer ses talents de petit créateur.
Les enfants vont découvrir des idées fantastiques pour se métamorphoser. Un coup de baguette magique, et la feutrine se transforme en déguisement de sorcière ou de chauve-souris. Un peu de maquillage, et voilà qu'apparaissent crapauds, araignées, monstres et fantômes... Quel défilé !

Cela va être effroyablement rigolo de décorer la maison ou la table du goûter aux couleurs de la fête...

Halloween

Nuit des sorciers

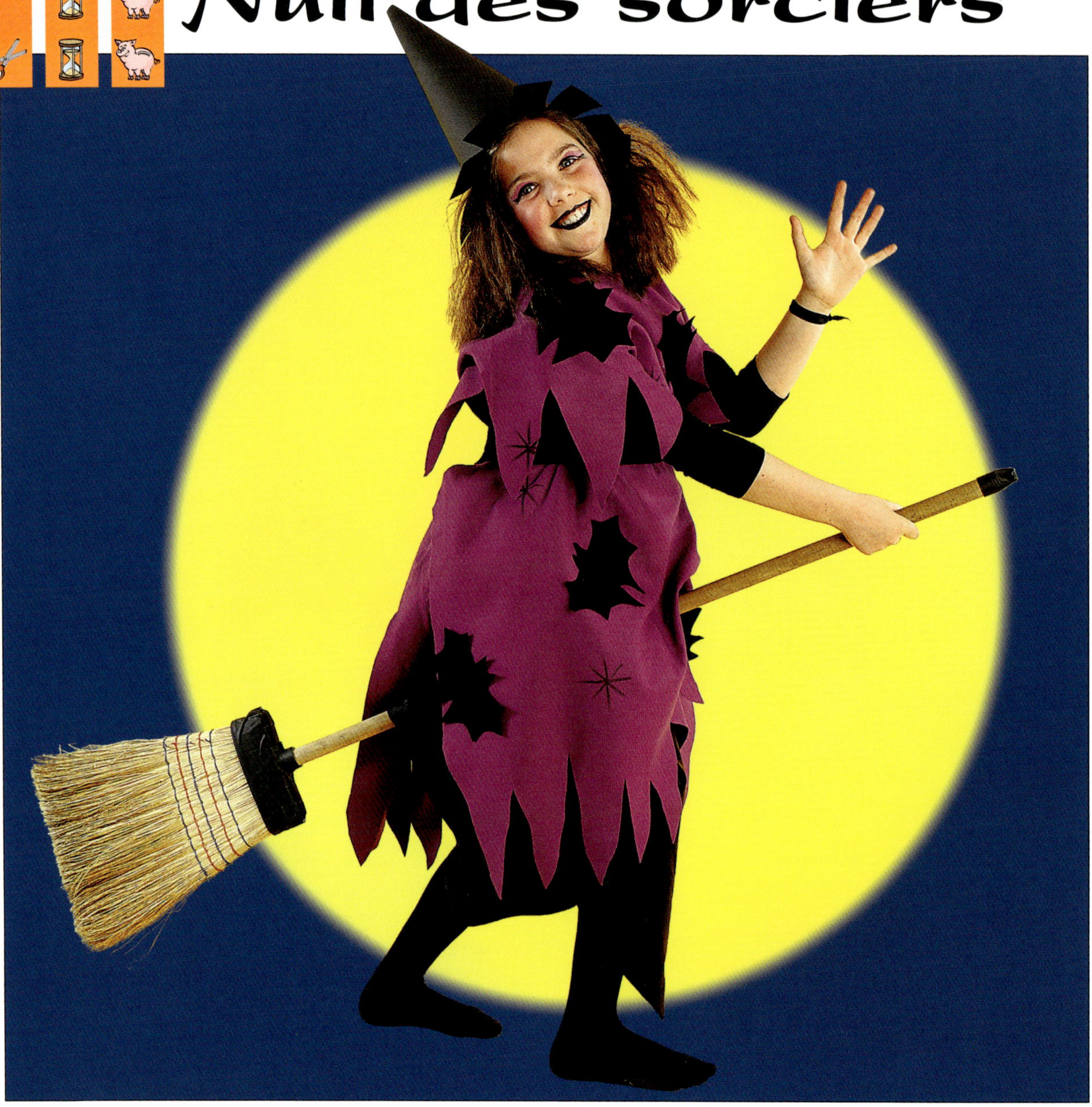

Matériel

feutrine, papier fort noir (50 x 65 cm), craie, feutre noir pour tissus, crayon, élastique noir, calque, ciseaux, agrafeuse, compas, mètre-ruban, ruban adhésif noir, colle pour tissus, patrons page 204.

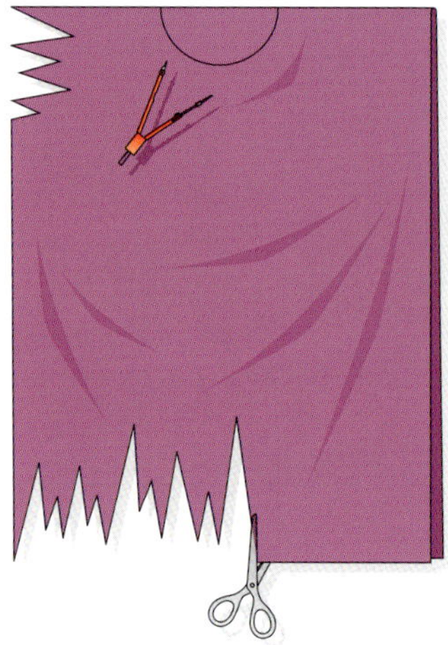

1 Pour la tunique, découper un rectangle de feutrine de 70 x 180 cm environ. Plier le rectangle en deux. À partir du milieu de la pliure, tracer un demi-cercle de 6 cm de rayon pour faire l'encolure. Découper.
Découper de grandes franges irrégulières en bas de la tunique et sur les côtés au niveau des bras.

2 Reporter le patron de l'araignée ou de la chauve-souris sur un calque. Découper. Avec ce gabarit, reproduire une douzaine de formes sur la feutrine noire avec la craie. Découper.

3 Coller les formes sur la tunique. Laisser sécher puis dessiner des petites étoiles au feutre.

4 Pour la ceinture, découper une bande de feutrine noire de 7 x 100 cm environ.

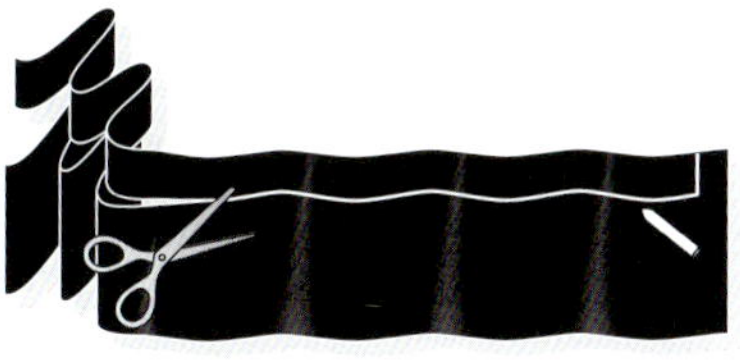

5 Pour le chapeau, former un cône à la taille de la tête en enroulant la feuille de papier noir. Agrafer et scotcher avec du ruban adhésif noir.

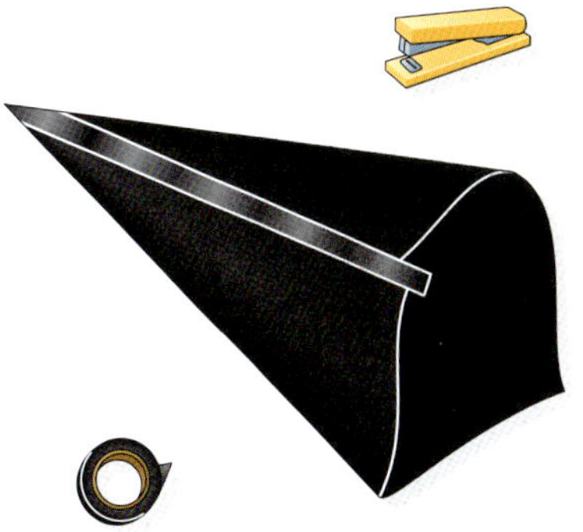

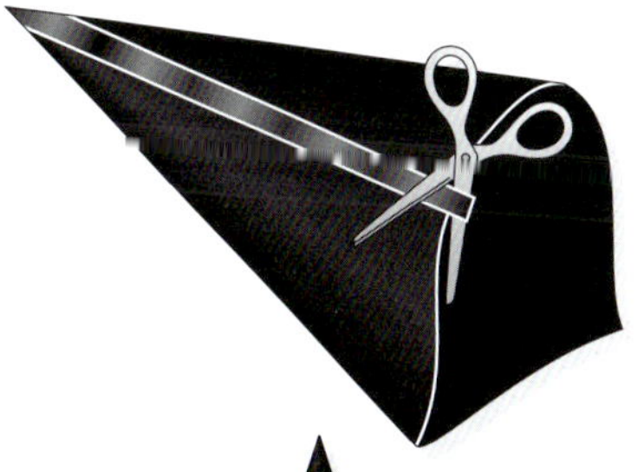

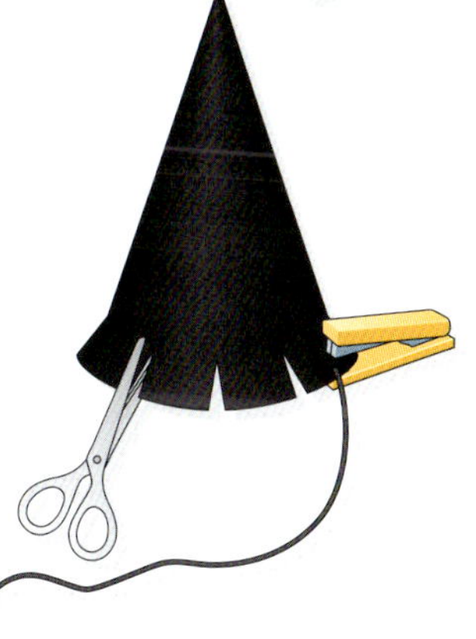

6 Découper le bas du chapeau pour l'égaliser. Découper des languettes de 7 cm environ tout autour. Les replier vers l'extérieur. Agrafer un élastique.

Chauve-souris

Matériel

feutrine noire, grande assiette en carton, peinture noire, pinceau, craie blanche, grand compas (voir p. 9), ruban noir, mètre-ruban, ficelle (80 cm minimum), élastique, cutter, agrafeuse.

1 Tracer le contour du loup au centre de l'assiette en carton en suivant le dessin. Le découper. Demander à un adulte d'évider les yeux avec un cutter.

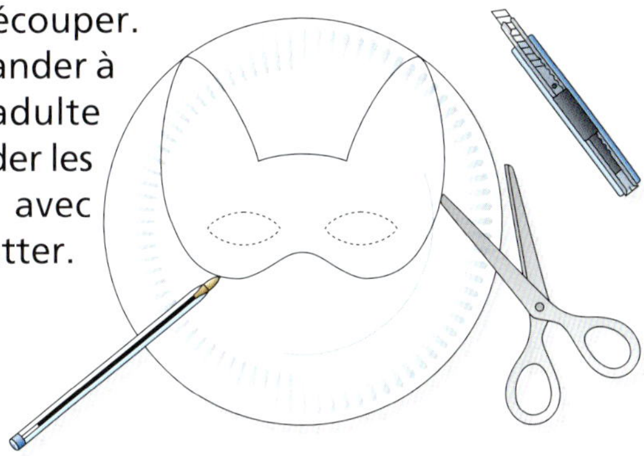

2 Agrafer un élastique. Peindre le loup en noir. Laisser sécher.

3 Pour la cape, plier en deux un rectangle de feutrine de 70 x 140 cm. Faire un grand compas en attachant la craie au bout de la ficelle. Tracer un quart de cercle de 10 cm de rayon et un second de 70 cm de rayon. Découper et déplier.

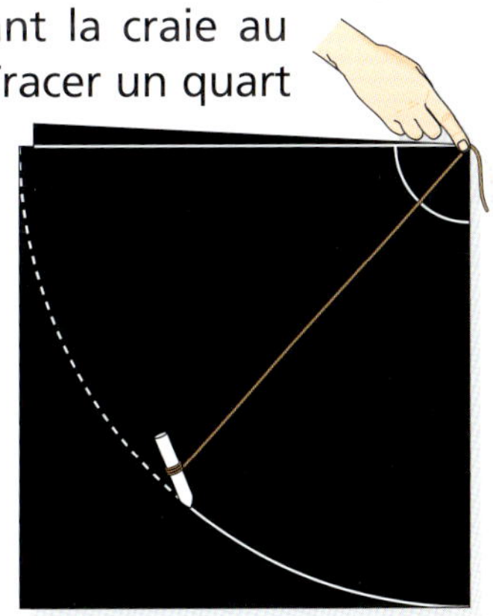

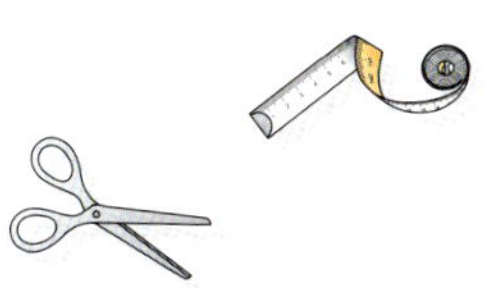

4 Tracer et découper des arcs sur tout l'arrondi de la cape pour faire les ailes de la chauve-souris.

5 Tracer et découper 2 bandes de feutrine de 3 x 40 cm environ. Faire 2 petites fentes aux ciseaux de chaque côté de l'encolure de la cape. Passer les bandes dans les fentes. Nouer les extrémités.

6 Agrafer en double 20 cm de ruban noir aux deux extrémités de la cape. À l'habillage, passer le majeur de chaque main dans ces boucles pour tenir la cape déployée.

Halloween masqué

Matériel

plaques de mousse orange et noire, raphia vert, élastique noir, calque ou papier fin, crayon à papier, stylo à bille, aiguille à tricoter ou grosse aiguille à coudre, ciseaux, cutter, agrafeuse, colle sans solvant, patrons page 205.

1 Choisir un modèle. Plier une feuille de papier calque ou de papier très fin en deux. Placer le pli sur les pointillés du demi-patron (voir p. 7). Le reporter et le découper.

Reporter le patron entier sur une plaque de mousse orange. Découper le contour aux ciseaux. Demander à un adulte d'évider les yeux avec un cutter.

2 Reporter la forme des yeux, du nez et de la bouche de la citrouille sur la mousse noire. Les découper.

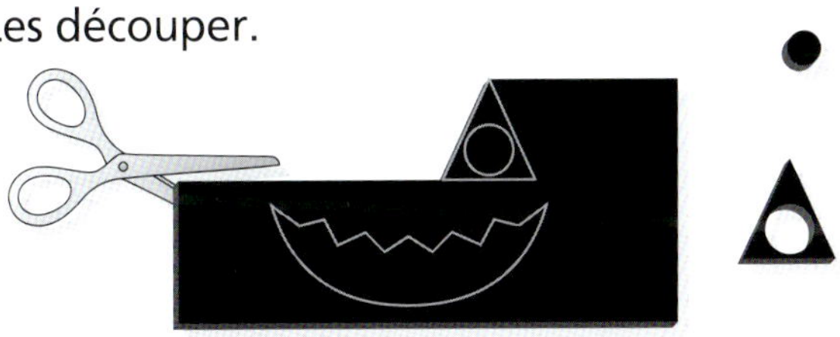

3 Coller les éléments en place avec de la colle sans solvant. Laisser sécher suivant les indications du fabricant.

4 Couper environ 25 brins de raphia vert de 15 cm. Les agrafer en leur milieu près du bord supérieur du masque. Replier les brins vers le haut.

5 Percer 2 petits trous de chaque côté du masque avec une aiguille. Couper un élastique. Le nouer au dos du masque.

Sorcière-araignée

Matériel

fards à l'eau :
orange, rouge,
jaune, blanc et noir,
crayon gras noir
ou eye-liner,
gel pailleté doré,
éponge,
pinceau moyen.

1 Faire un dégradé orangé en commençant par appliquer, avec une éponge humide, du fard orange et un peu de rouge tout autour du visage.

Tamponner ensuite progressivement vers le milieu du visage en ajoutant au fard orange une touche de jaune puis de blanc. Laisser sécher.

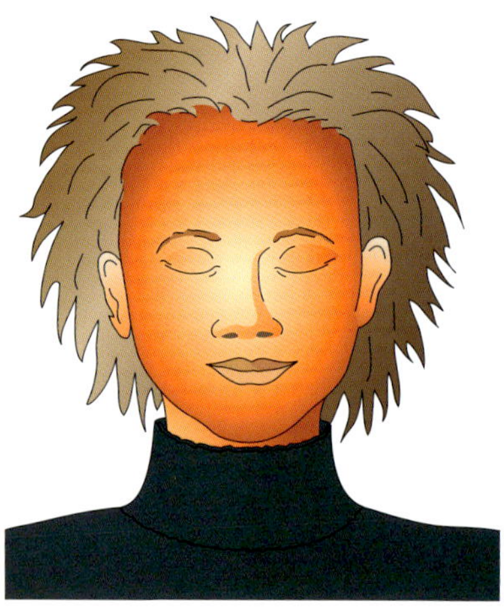

2 Peindre en noir les paupières et la bouche avec le pinceau.

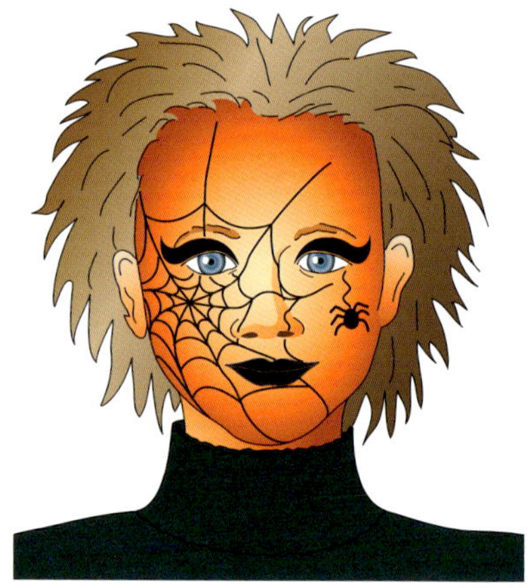

3 Dessiner une grande toile d'araignée sur une joue avec un crayon noir bien taillé. Sur la seconde joue, peindre au fard noir une araignée descendant d'un fil.

4 Du bout du doigt, appliquer du gel pailleté doré sur le noir des paupières.

Crapaud martien

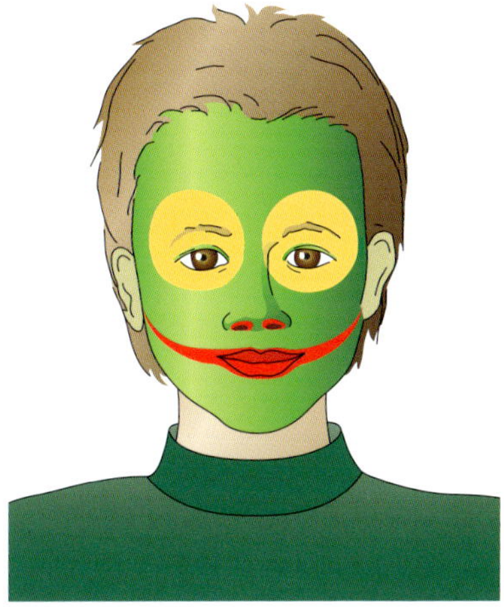

3 Avec le gros pinceau, peindre le reste du visage en vert vif en faisant bien attention de ne pas déborder sur le jaune ou le rouge. Avec le pinceau moyen, faire un trait vert vif sur les paupières. Tamponner légèrement les oreilles à l'éponge. Laisser sécher.

Matériel

fards à l'eau :
jaune vif,
rouge,
vert vif
et vert foncé,
pinceaux : gros
et moyen,
éponge.

1 Avec le pinceau moyen, dessiner deux grands ronds jaune vif identiques autour des yeux. Remplir les ronds tout en jaune à l'aide du gros pinceau.

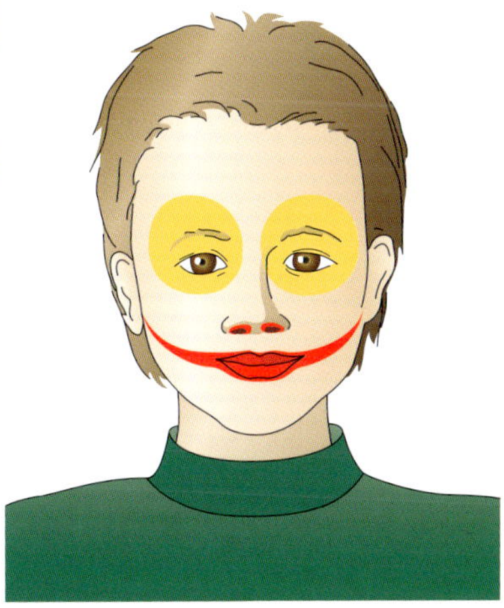

2 Peindre des narines ainsi qu'une grande bouche rouge allongée et élargie. Laisser sécher.

4 Avec le pinceau moyen, dessiner des ronds vert foncé de différentes tailles sur le vert vif.

Diable ou fantôme ?

Matériel
Diable : fards à l'eau rouge, jaune, orange et noir, pinceaux.
Fantôme : fards à l'eau noir et blanc, crayon gras noir ou eye-liner, éponge, pinceau moyen, laque blanche.

Diable

1 À l'aide d'un pinceau moyen, dessiner en jaune le contour des flammes tout autour du visage. Peindre l'extérieur en jaune. Ajouter aussitôt au pinceau des petites touches de fards orange et rouge pour produire l'effet de flammes. Laisser sécher.

3 Peindre des flammes sur les mains de la même manière. Laisser sécher. Appliquer du vernis noir sur les ongles.

Fantôme

1 À l'aide d'une éponge humide, recouvrir le visage, les oreilles et le cou de fard blanc. Laisser sécher.
Faire deux grands ronds noirs autour des yeux en tamponnant avec l'éponge. Peindre une bouche allongée et ondulée avec le pinceau.

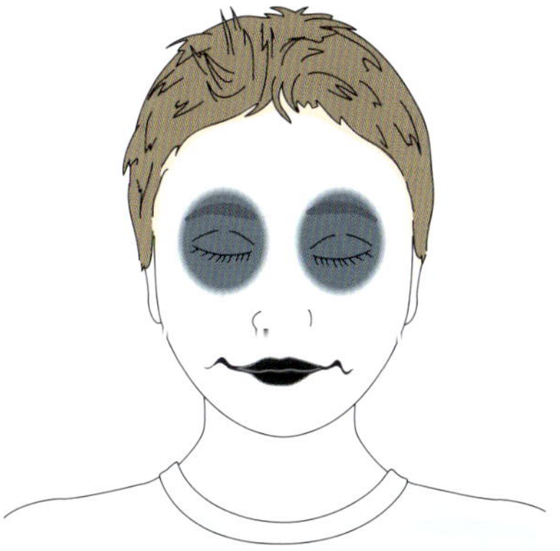

2 Avec le crayon noir, dessiner des petits fantômes sur le front, la joue et sous l'œil. Laquer les cheveux en blanc en protégeant le visage et les vêtements.

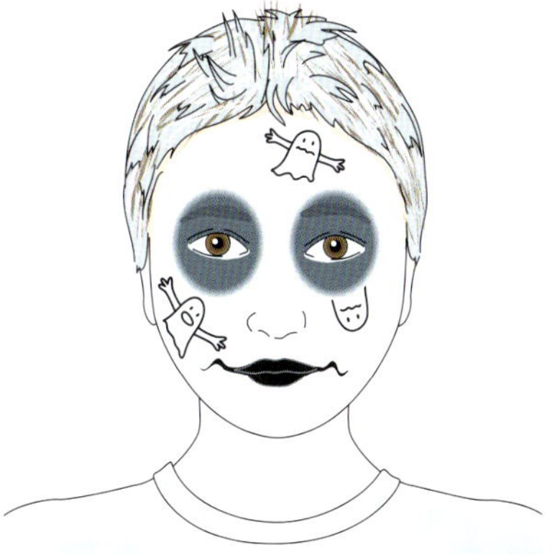

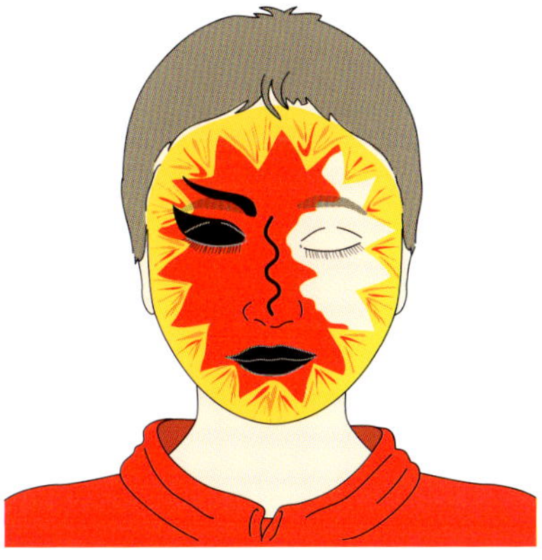

2 Peindre le reste du visage en rouge avec un gros pinceau. Utiliser un pinceau moyen pour peindre plus facilement entre les flammes. Laisser sécher.
Avec un pinceau moyen, peindre en noir les paupières et les sourcils. Dessiner une ligne ondulée sur le nez et peindre la bouche.

Cartes rigolotes

Matériel

carton ondulé : noir, gris et orange, chenille : noire et orange, gommettes, yeux mobiles, crayon à papier, règle, compas, ciseaux, colle, scotch.

On peut transformer ces cartes en cadres rigolos et décoratifs : découper un carton ondulé à la taille souhaitée, décorer et coller au dos une attache en toile gommée.

1 Pour la sorcière, tracer un rectangle de 21 x 31 cm environ, au dos du carton ondulé, en gardant les cannelures verticales. Découper et plier le rectangle en deux.

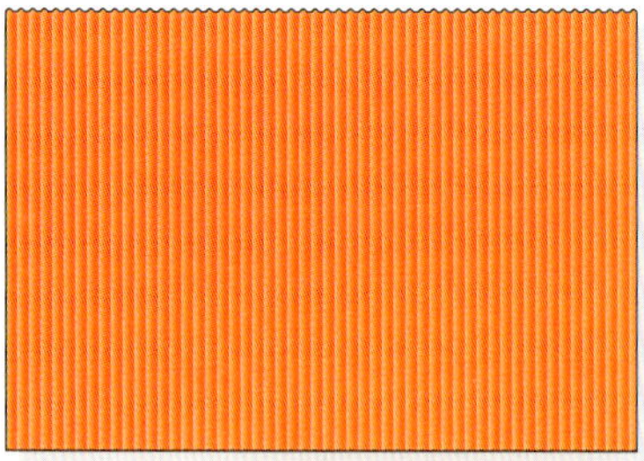

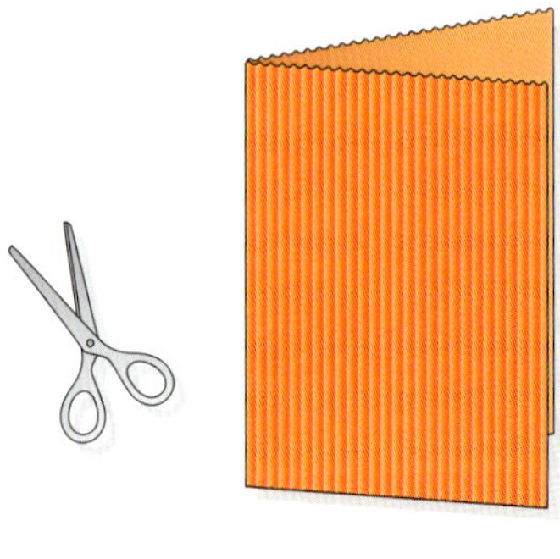

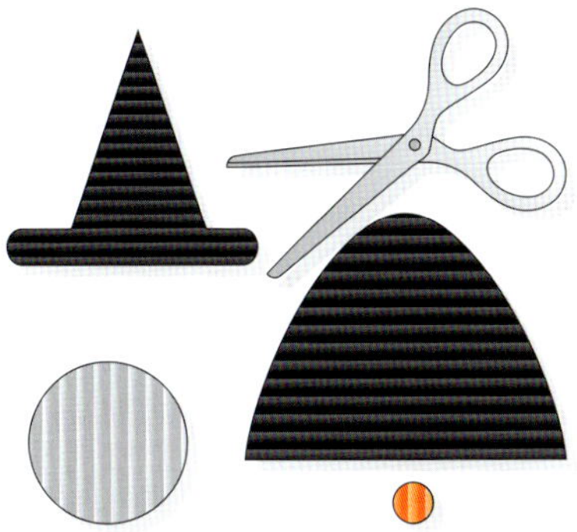

2 Tracer et découper les différentes parties de la sorcière : un chapeau, un grand rond pour le visage, un petit rond pour le nez, un corps. Pour le chapeau et le corps, placer les cannelures à l'horizontale.

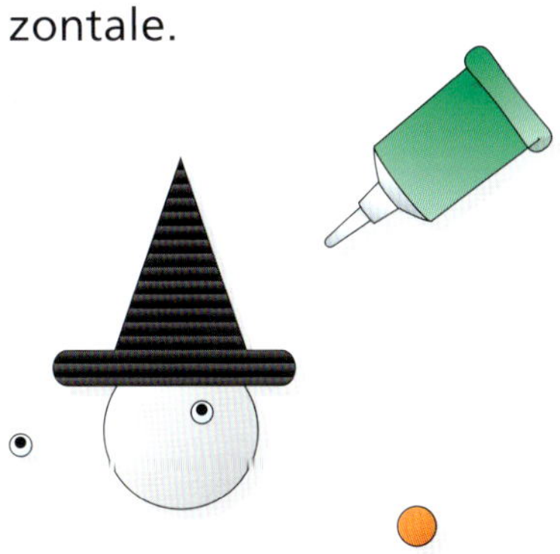

3 Coller le chapeau en haut du visage sur la face plane du rond. Coller 2 yeux mobiles et le petit rond du nez. Laisser sécher.

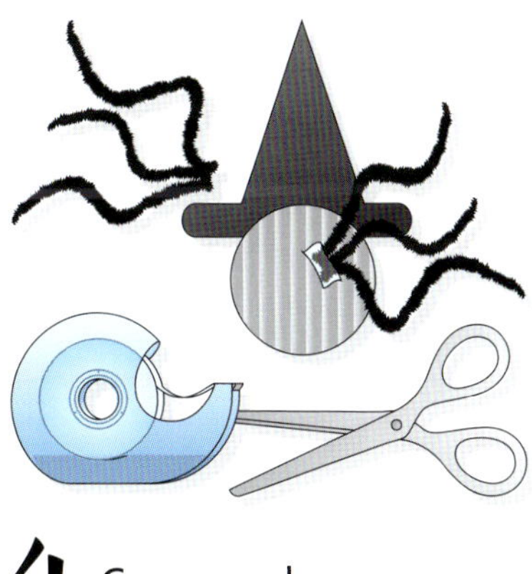

4 Couper des morceaux de chenille pour faire les cheveux. Les scotcher au dos du visage.

5 Coller la tête et le corps sur le carton. Finir de décorer avec des gommettes.

Pour la souris et l'araignée, découper des rectangles de carton ondulé de différentes tailles en prenant soin de toujours bien placer les cannelures verticales pour pouvoir plier facilement le carton en deux. Tracer et découper tous les éléments. Procéder de la même manière que pour la sorcière.

On écrit à l'intérieur de ces cartes avec un crayon de couleur blanc, un stylo ou un feutre doré, argenté ou de couleur.

Table hantée

Matériel

toile cirée blanche, papier adhésif : noir et blanc, tissu noir (coton, feutrine) ou plaque de mousse noire, crayon, ciseaux, patron et croquis coté page 204.

Fantômes

1 Pour les sets de table, agrandir le croquis et le reporter au dos de la toile cirée blanche. Le découper. Pour obtenir un fantôme de forme inverse, reporter le premier fantôme envers contre envers sur la toile cirée.

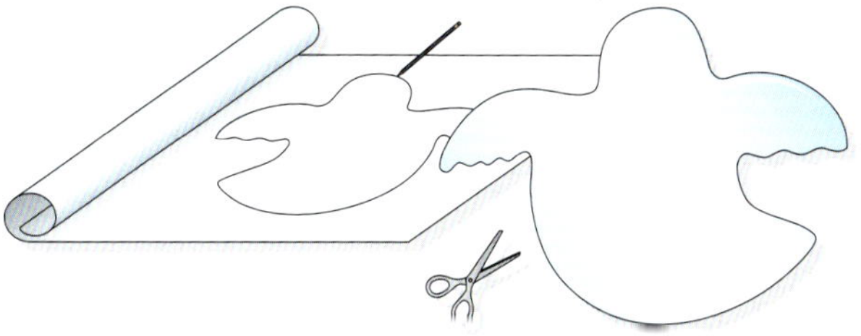

2 Tracer les yeux et la bouche au dos du papier adhésif noir. Découper. Retirer la feuille de protection et coller les yeux et la bouche sur le fantôme.

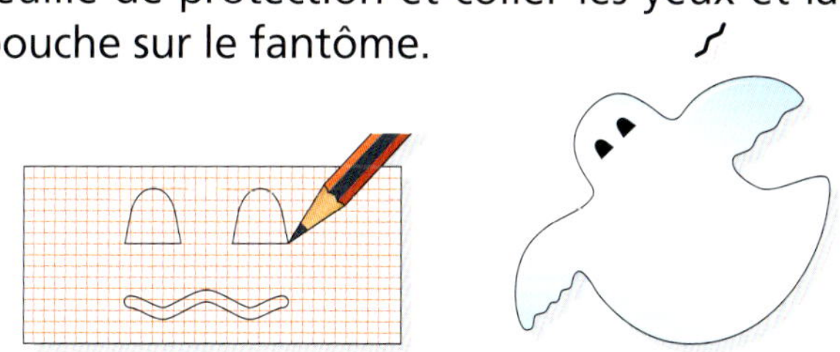

3 Pour les sous-verres, reporter le patron au dos du papier adhésif noir. Découper et coller sur du tissu noir. Découper le tissu en suivant le contour. Découper des yeux et une bouche en papier adhésif blanc. Coller.

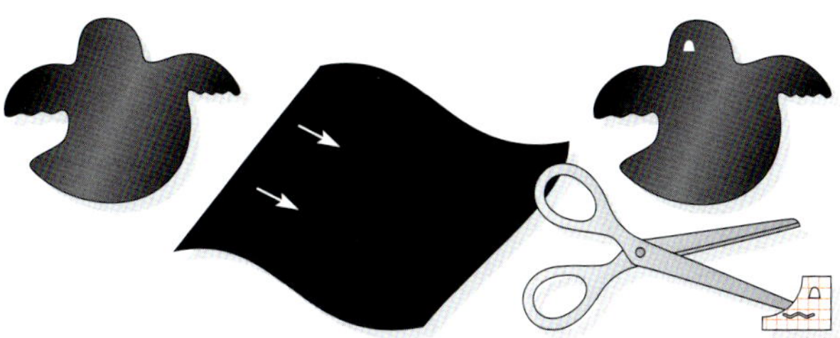

Gros yeux

1 Dessiner au dos du papier adhésif blanc la forme de paire d'yeux désirée. Découper et coller sur du papier adhésif noir. Tracer et découper des ronds d'adhésif noir. Coller ces pupilles sur le blanc des yeux.

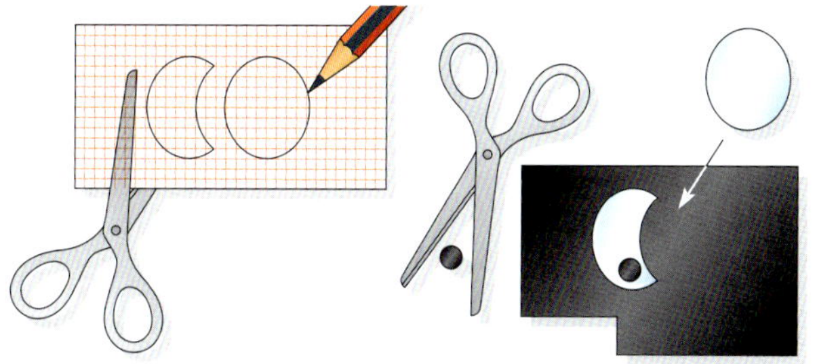

2 Découper l'adhésif noir en laissant une marge d'environ 2 mm tout autour des yeux. Coller sur du tissu noir. Découper le tissu en suivant le contour.

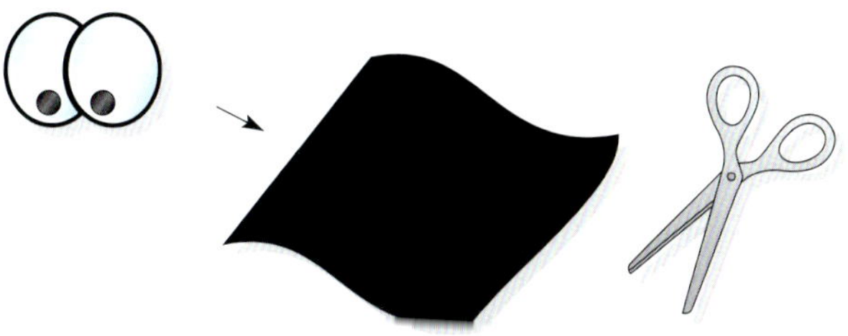

Ces sets et sous-verres lavables peuvent resservir. On peut aussi réaliser des sets plus éphémères en remplaçant la toile cirée par du carton et le papier adhésif par des feutres, de la peinture ou du correcteur blanc.

Sorcières pince-tout

Matériel
pinces à linge en bois, bristol, papier de différentes couleurs, papier fin ou calque, crayon à papier, feutre fin noir ou bleu, peinture, pinceau, ciseaux ou cutter, colle, patron p. 205.

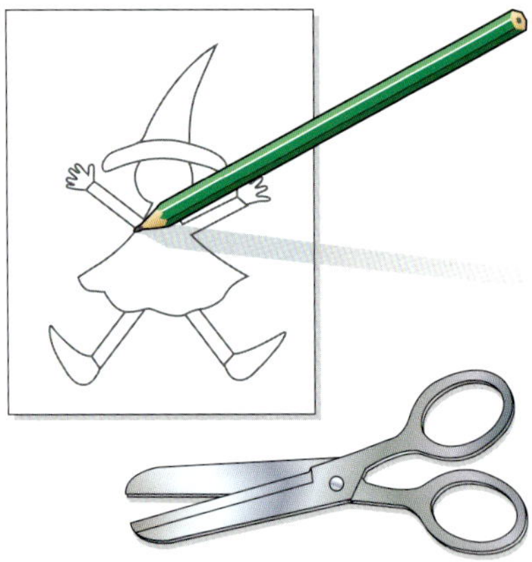

1 Reporter le patron de la sorcière sur du bristol. Découper délicatement le contour aux ciseaux, ou demander l'aide d'un adulte pour une découpe plus précise au cutter.

2 Peindre le chapeau, la robe et les chaussures d'une même couleur. Laisser sécher. Peindre le ruban du chapeau et les jambes d'une deuxième couleur. Laisser sécher.

3 Peindre les mains et le visage. Lorsqu'ils sont secs, peindre les pommettes et le nez. Laisser sécher. Faire les yeux et la bouche avec un feutre fin noir ou bleu.

4 Finir de décorer la sorcière (rayures, points, étoiles, spirales...) avec un feutre.

5 Peindre des pinces à linge de diverses couleurs. Laisser sécher.

6 Coller les sorcières sur les pinces à linge. Découper des étiquettes dans des papiers de couleur. Écrire les prénoms de ses invités.

On peut pincer les sorcières et leur étiquette sur une serviette, une assiette en carton...

Citrouille surprise

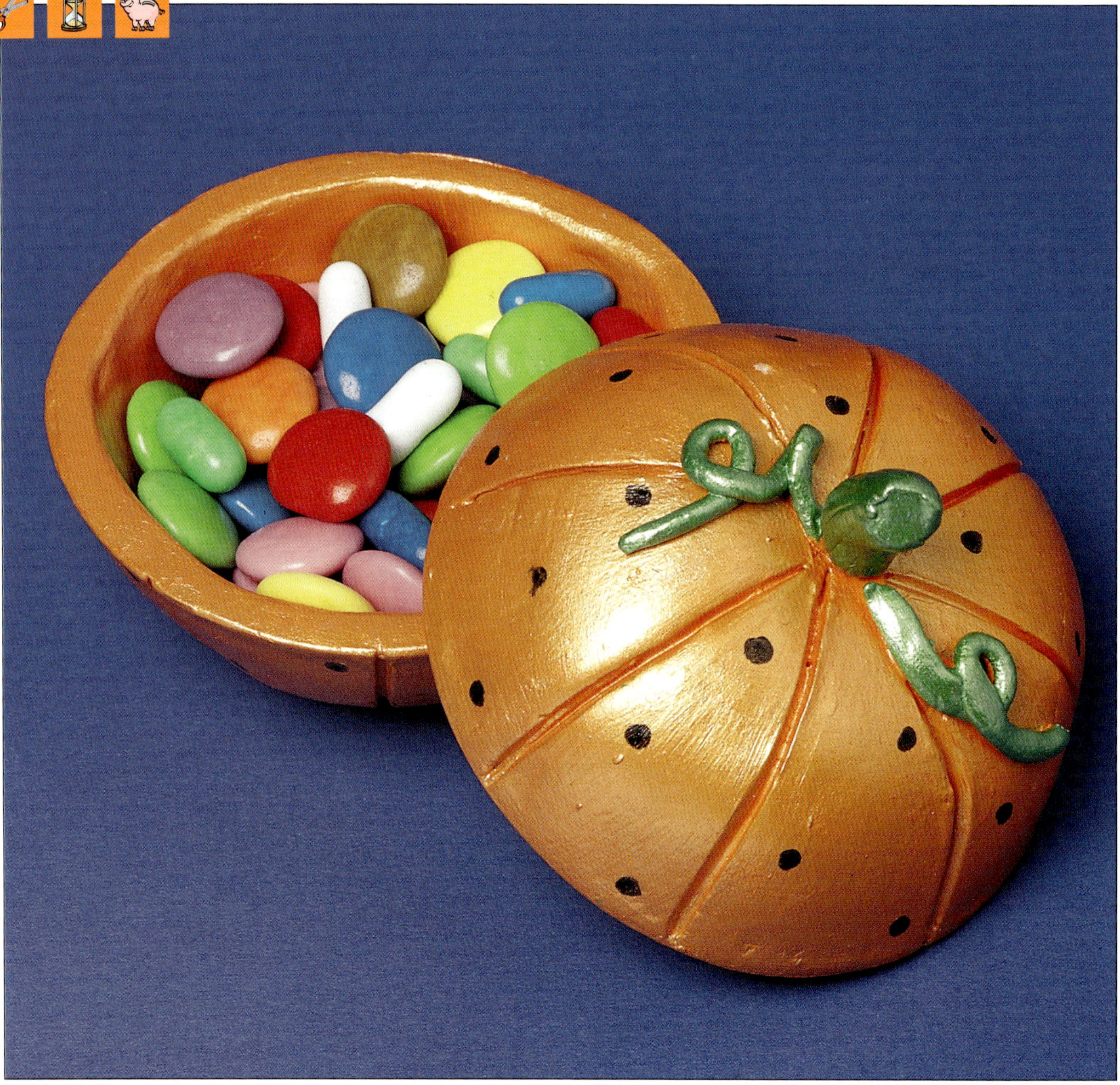

Matériel

2 coupelles creuses identiques de forme arrondie, argile autodurcissante, cure-dents, rouleau à pâtisserie, papier Cellophane, peinture nacrée orange, verte et grise, peinture noire, pinceaux : moyen et fin, ciseaux.

Citrouille

1 Tapisser l'intérieur des deux coupelles de papier Cellophane. Modeler 2 boules d'argile, puis les étaler au rouleau pour obtenir 2 plaques de 5 mm d'épaisseur.

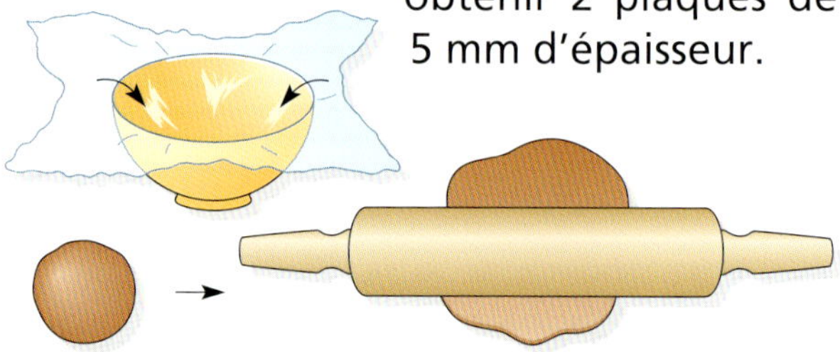

2 Placer les plaques dans les moules. Couper l'excédent d'argile, sans couper le Cellophane qui dépasse. Lisser l'intérieur et le rebord avec un peu d'eau. Laisser sécher 7 h environ.

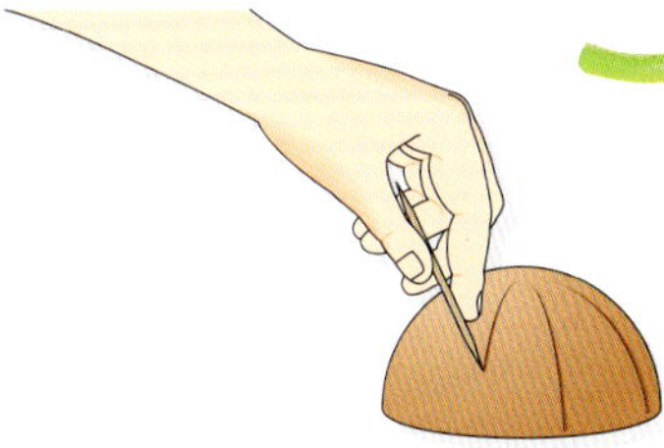

3 Démouler en tirant délicatement sur le Cellophane. Lisser l'extérieur des formes avec de l'eau. Tracer 8 quartiers avec un cure-dents.

4 Modeler une queue. La fixer à l'aide d'un demi-cure-dents encollé. Faire 2 tiges entortillées et les souder sur la citrouille avec un peu d'eau. Laisser sécher complètement pendant 18 à 24 h selon les indications du fabricant.

5 Peindre entièrement les deux coupelles avec la peinture nacrée orange et le pinceau moyen. Laisser sécher puis décorer de petits points noirs peints avec le pinceau fin. Peindre la queue et les tiges en vert.

Marmite

Utiliser un autre moule et une soucoupe adaptée pour le couvercle. Après le démoulage, souder 2 boudins de chaque côté avec un peu d'eau, pour les anses. Avec des demi-cure-dents encollés, fixer 3 boudins pour les pieds et une petite boule sur le couvercle pour la poignée. Bien laisser sécher. Peindre.

Lueurs dans la nuit

Matériel

pâte à modeler autodurcissante, peinture, pinceau, cure-dents, carton, fil électrique, fil de fer, crayon, pince coupante, couteau, ciseaux, colle, bougies.

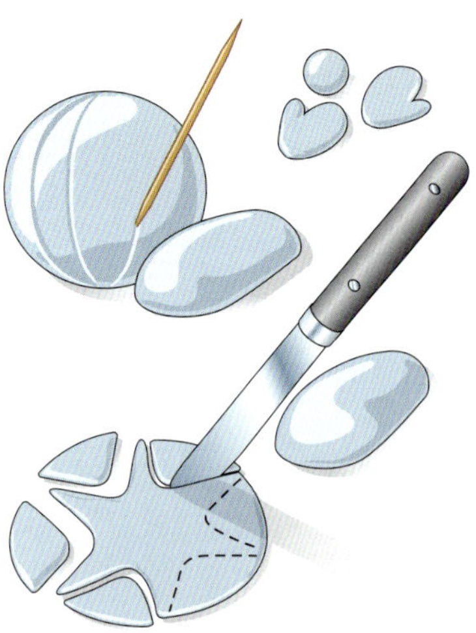

Citrouille

Modeler une grosse boule de pâte et marquer les quartiers de la citrouille avec un cure-dents. Pétrir 2 boudins pour les pieds, 2 mains en forme de moufles et une petite boule pour le nez. Pour le feuillage, aplatir de la pâte et découper une forme étoilée à l'aide d'un couteau.

2 Fixer le nez et les pieds avec des cure-dents encollés. Demander à un adulte de couper 2 fils électriques avec la pince coupante. Enfoncer les extrémités encollées dans les mains et le corps. Coller la feuille. Piquer 2 fils de fer entortillés pour les tiges.

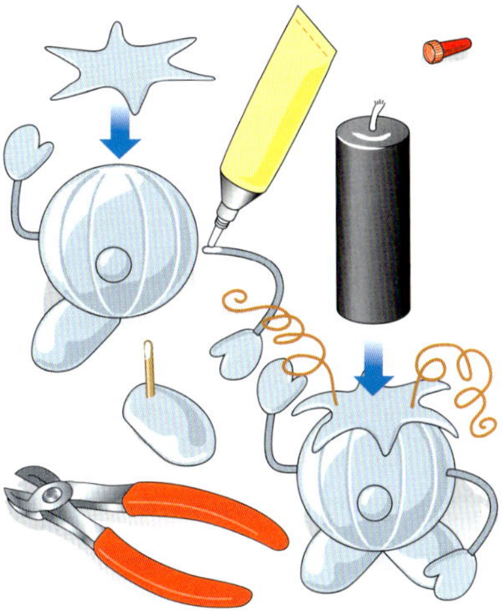

3 Enfoncer une bougie sur 1 cm environ. Laisser sécher la pâte selon les indications du fabricant.

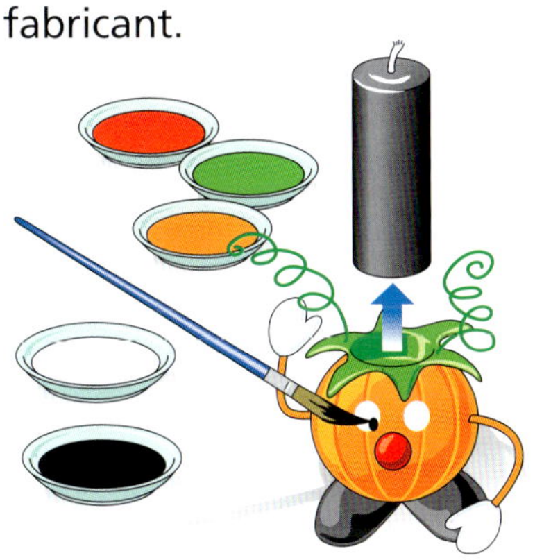

4 Retirer délicatement la bougie. Peindre la citrouille. Laisser sécher.

Attention : bien s'assurer de la stabilité des bougeoirs et ne jamais laisser de bougies allumées sans surveillance !

Fantôme

Former un boudin évasé et ondulé en bas. Modeler un nez, 2 mains et 2 pieds. Assembler les éléments à l'aide de demi-cure-dents et de fil électrique encollés. Enfoncer une bougie. Laisser sécher puis peindre.

Chauve-souris

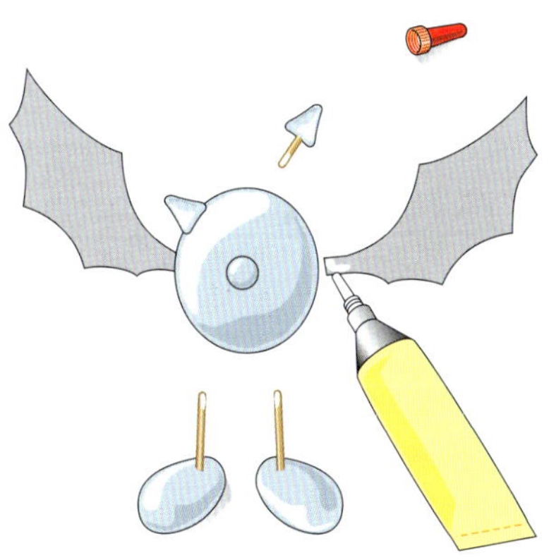

Modeler une grosse boule pour le corps, une petite pour le nez et 2 boudins pour les pieds. Modeler 2 oreilles. Fixer les éléments avec des demi-cure-dents encollés. Découper 2 ailes en carton. Encoller leur extrémité et l'enfoncer dans le corps. Enfoncer une bougie. Laisser sécher. Peindre.

Douces frayeurs

Matériel
plaques de mousse de différentes couleurs, aimants, papier blanc, stylo à bille, ciseaux, colle sans solvant.

Avec de la mousse, on peut faire courir son imagination et inventer toutes sortes de personnages et de monstres à coller sur des aimants, des supports de barrette ou de broche, à enfiler sur un anneau de porte-clefs... pour fêter Halloween en couleurs !

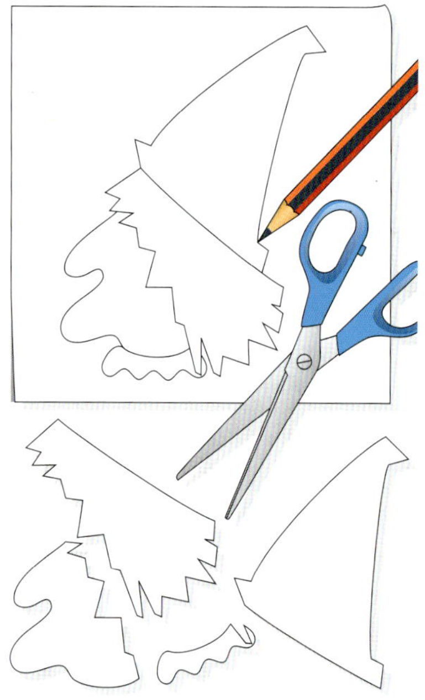

1 Dessiner sur une feuille de papier la forme souhaitée. Découper chaque partie. Pour la sorcière : un chapeau, des cheveux, un visage et une collerette.

2 Au stylo à bille, reporter sur la mousse le contour du visage en ajoutant une marge d'environ 1,5 cm pour les parties qui se trouveront sous le chapeau et les cheveux.

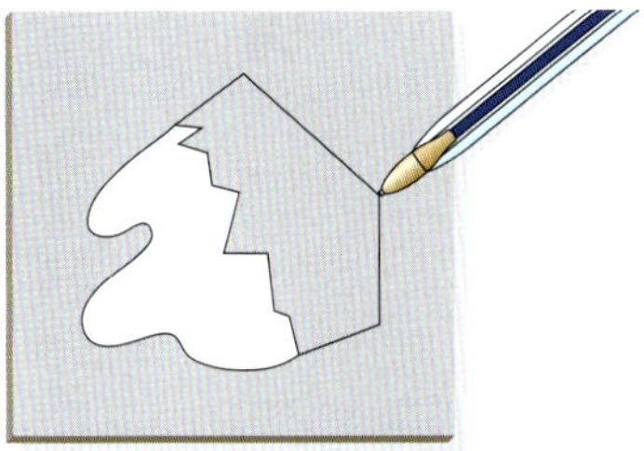

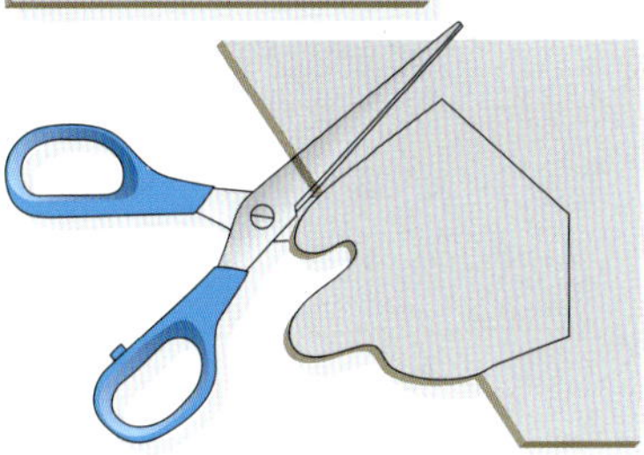

3 Reporter sur les différentes plaques de mousse les autres parties de la sorcière, sans oublier le ruban, l'œil et la bouche. Découper.

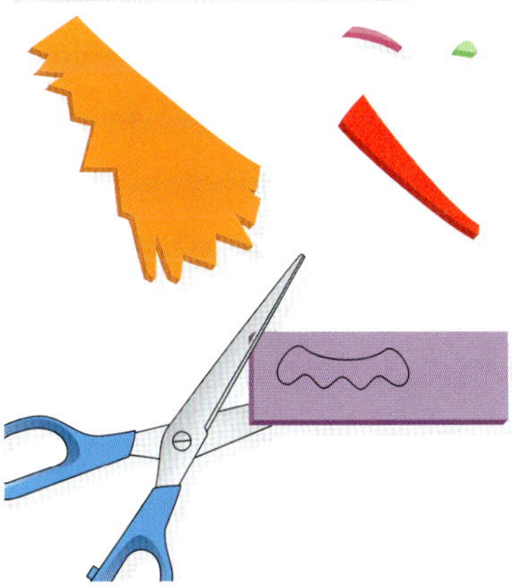

4 Assembler tous les éléments avec une pointe de colle : le ruban sur le chapeau, puis le chapeau, les cheveux, l'œil et la bouche sur le visage, enfin le col sous le visage. Laisser sécher selon les indications du fabricant.

5 Coller un aimant au dos de la sorcière. Bien laisser sécher.

Ani-Mobile

Matériel

boules de polystyrène et de cotillon de différentes tailles, chenilles, feutre noir, peinture, pinceau, crayon, bristol, fil de fer, cure-dents, 2 baguettes en bois de 35 cm environ, ficelle rouge, ciseaux, couteau ou cutter, colle.

1 Assembler les différentes boules de polystyrène avec des cure-dents encollés pour former les chauve-souris et les grenouilles : une petite boule pour la tête et une plus grosse pour le corps.
Tracer et découper des oreilles et des ailes en bristol pour les chauve-souris. Faire une petite fente au couteau dans les boules et y enfoncer les formes encollées. Laisser sécher.

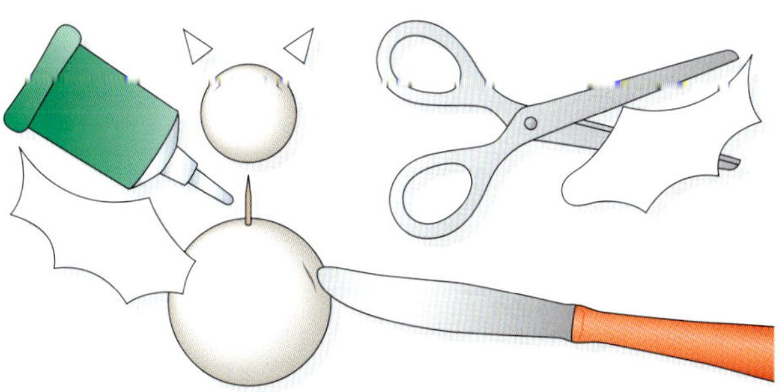

2 Peindre toutes les boules de polystyrène. Laisser sécher avant d'ajouter les bouches et les narines. Piquer des boules de cotillon sur des cure-dents encollés. Les peindre en rouge pour les nez ou dessiner des ronds noirs au feutre pour les yeux. Laisser sécher.

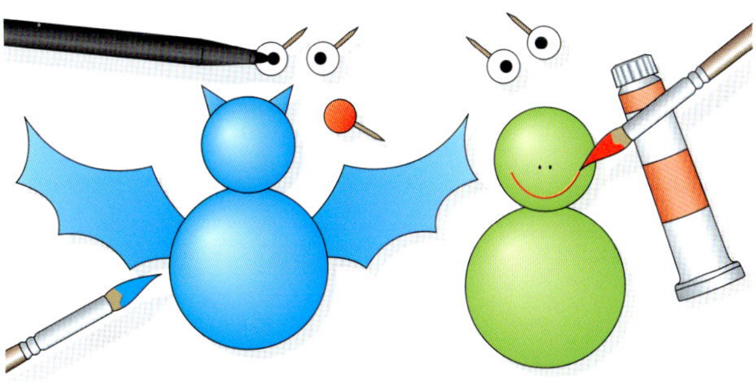

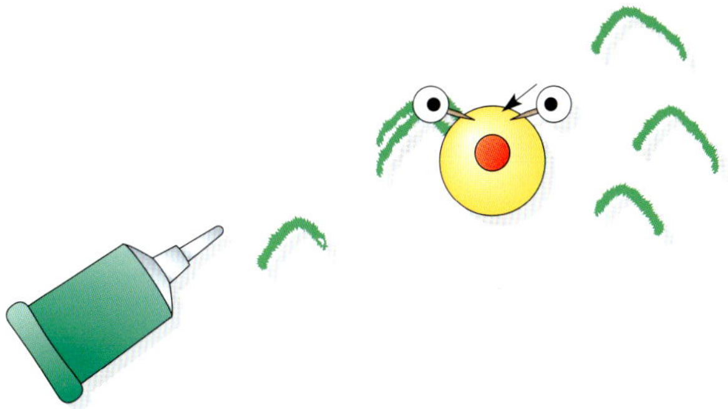

3 Fixer les yeux et les nez en encollant les cure-dents. Former des pattes avec des morceaux de chenille. Les encoller et les enfoncer dans les boules.

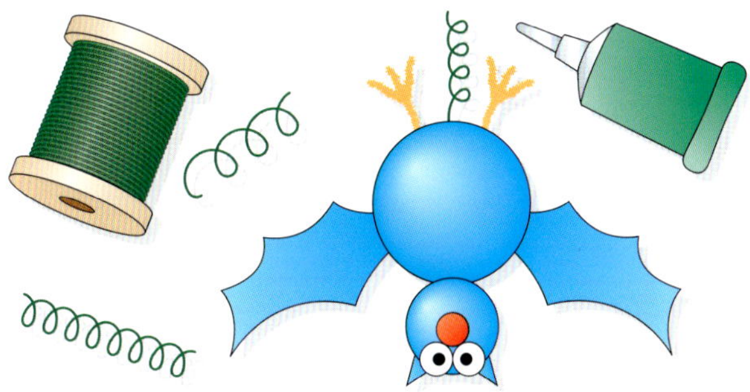

4 Couper des fils de fer de différentes tailles et leur donner une forme de ressort. Les encoller et les enfoncer dans les animaux.

5 Croiser les 2 baguettes et les attacher perpendiculairement en les entourant de fil de fer. Peindre et laisser sécher.
Accrocher les différents éléments en entortillant les fils de fer autour des baguettes. Bien répartir le poids. Suspendre le mobile avec une ficelle rouge.

Chamboul'monstres

Matériel

boîtes en carton (biscuits, thé...), vieille balle, papier fort de couleur, peinture, pinceau, feutre noir, crayon, boules de cotillon, couteau à dents, règle, ciseaux, scotch, colle.

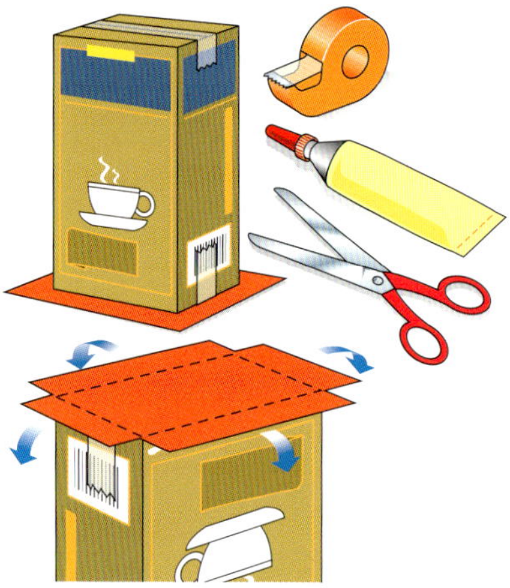

1 Bien refermer chaque boîte avec du scotch. Découper 2 rectangles de papier aux dimensions du fond de la boîte + 1 cm de marge tout autour. Encoller un rectangle et le placer sur le fond de la boîte. Recouper les angles et rabattre le surplus de papier sur les côtés. Coller le second rectangle de l'autre côté.

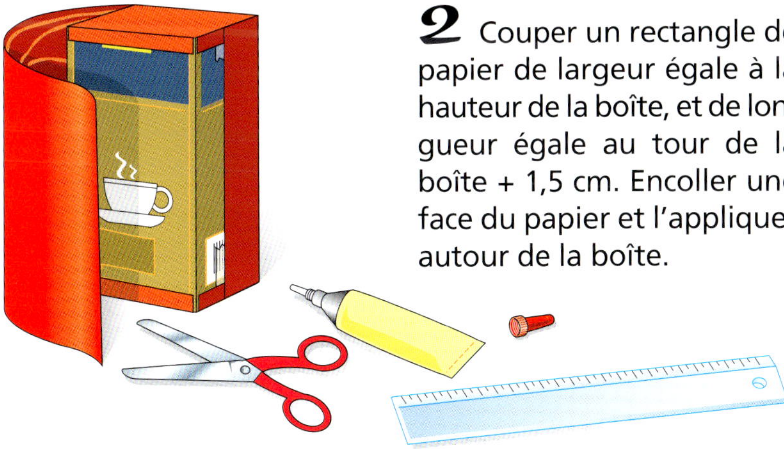

2 Couper un rectangle de papier de largeur égale à la hauteur de la boîte, et de longueur égale au tour de la boîte + 1,5 cm. Encoller une face du papier et l'appliquer autour de la boîte.

3 Sur le papier noir, dessiner 2 oreilles, 2 cornes et une bouche. Dessiner des dents sur le papier blanc. Découper tous les éléments. Couper une boule de cotillon en deux à l'aide d'un couteau. Peindre en noir, laisser sécher.

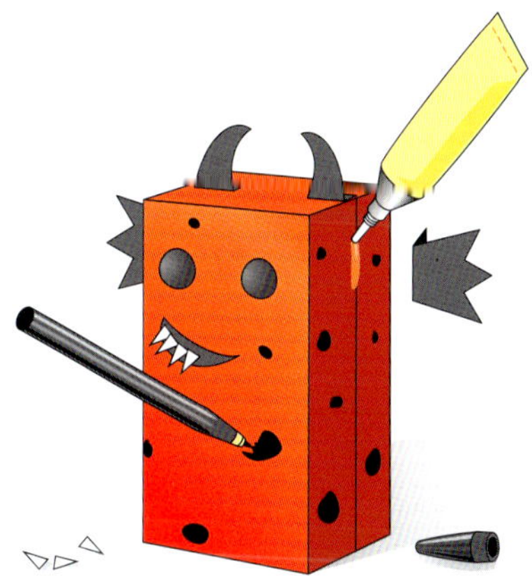

4 Coller tous les éléments sur la boîte. Laisser sécher. Au feutre noir, dessiner différentes taches.

5 Peindre une balle en vert. Laisser sécher. Peindre des taches noires.

Citrouille pas bête

Matériel

feuille de liège (55 x 60 cm), peinture : orange, noire, verte et marron, pinceaux : gros et fin, stylo à bille, cutter, attache gommée, papier noir et vert, punaises ou épingles à tête noire, ciseaux cranteurs, croquis coté page 205.

1 Agrandir le croquis (p. 205) et le reporter sur la feuille de liège. Demander à un adulte de découper la citrouille au cutter.

2 Peindre uniformément les deux faces et la tranche de la citrouille en orange avec le gros pinceau. Laisser sécher. Passer une seconde couche si nécessaire.

3 Reporter le contour des éléments à peindre : yeux, nez, bouche, tige et feuilles.

4 Peindre le contour des yeux, du nez et de la bouche en noir avec le pinceau fin. Remplir l'intérieur. Peindre la tige en marron, sans oublier de repeindre les tranches. Laisser sécher et terminer par les feuilles (en utilisant différents verts).

5 Coller l'attache gommée au dos de la citrouille pour pouvoir l'accrocher. Préparer les papiers du pense-bête en découpant des formes de feuilles et des carrés aux ciseaux cranteurs. Les fixer avec des épingles.

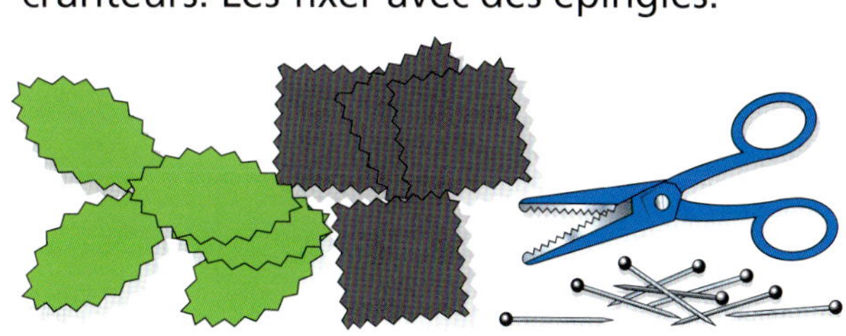

On peut écrire sur les petits papiers toutes sortes de messages avec un crayon de couleur blanc, un stylo doré ou argenté.

Noël approche… ! Quelle joie de décorer la maison et de fabriquer soi-même des petits cadeaux !
Avec du matériel facile à se procurer, les enfants vont créer des décors colorés et pleins de fantaisie : guirlandes à découper, bougies à modeler, boules pour le sapin à déguiser… et même une crèche-couronne à accrocher ! Et quand vient l'heure des cadeaux… il y en a pour toute la famille : jolis cadres en carton, boîte à trésors, carnets ou drôles de crayons…

Du calendrier de l'avent aux cartes de vœux, préparer la fête devient un véritable jeu !

Noël

Jours d'Avent

Matériel

papier kraft, carton ondulé rouge (50 x 65 cm) et naturel, carton (50 x 65 cm), gommettes, crayon à papier, feutre rouge, colle, règle, gomme, ciseaux, cutter.

1 Tracer le toit au dos du carton ondulé rouge et sur le carton. Demander à un adulte de les découper au cutter. Coller les 2 maisons l'une sur l'autre.

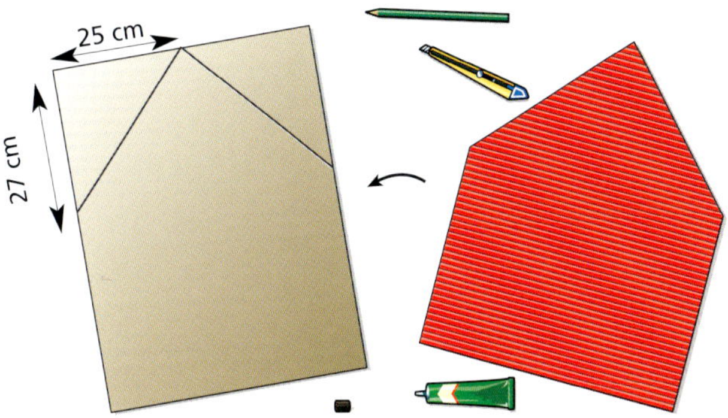

2 Pour les tuiles, découper environ 28 rectangles de carton ondulé de 2,5 x 3,5 cm. Les coller en commençant par le bas et en les faisant se chevaucher. Coller un dernier rectangle verticalement au faîte du toit. Le recouper en pointe.

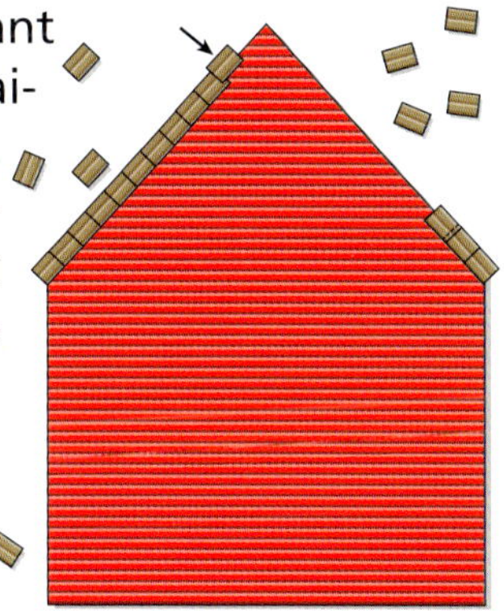

3 Découper 21 carrés de 10 cm de côté et 3 carrés de 15 cm dans le papier kraft. Marquer le centre de chaque carré au crayon en traçant les deux diagonales avec la règle.

4 Pour former les enveloppes, rabattre un angle à 5 mm au-dessus du centre du carré. Rabattre les autres angles de la même façon. Gommer les diagonales. Coller trois côtés.

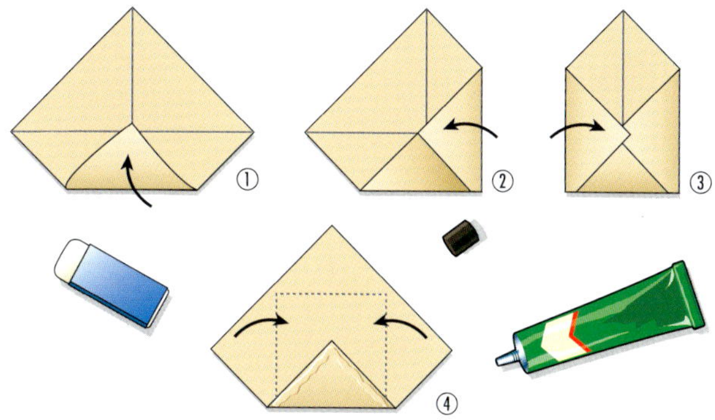

5 Décorer les enveloppes avec un feutre rouge. Glisser dans chacune d'elles une surprise (autocollant, histoire drôle, bonbon…). Numéroter les gommettes de 1 à 24 et les utiliser pour fermer les enveloppes.

6 Coller les enveloppes sur la maison. Finir de décorer en collant des étoiles et des sapins découpés dans du carton ondulé.

Crèche en couronne

Matériel

couronne en paille ou en polystyrène, carton ondulé vert, naturel et rouge, papier calque, crayon à papier, feutre marron, colle, ciseaux, ciseaux cranteurs, patrons page 206.

1 Reporter le patron de chacun des personnages de la crèche au dos du carton ondulé naturel. Découper les éléments avec des ciseaux.

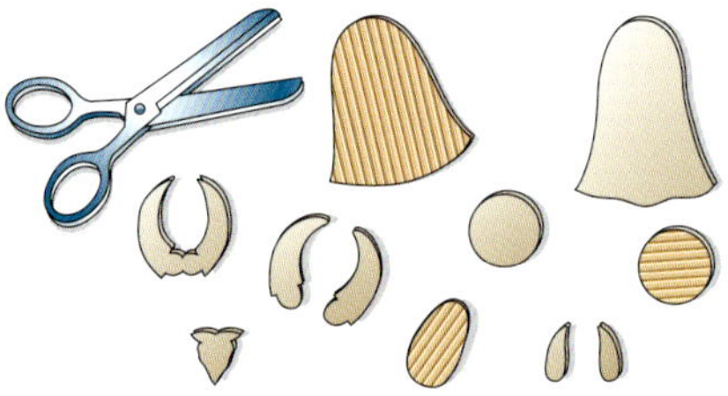

2 Assembler les personnages en veillant à utiliser les ronds des visages sur le côté lisse du carton ondulé. Dessiner les visages avec un feutre marron.

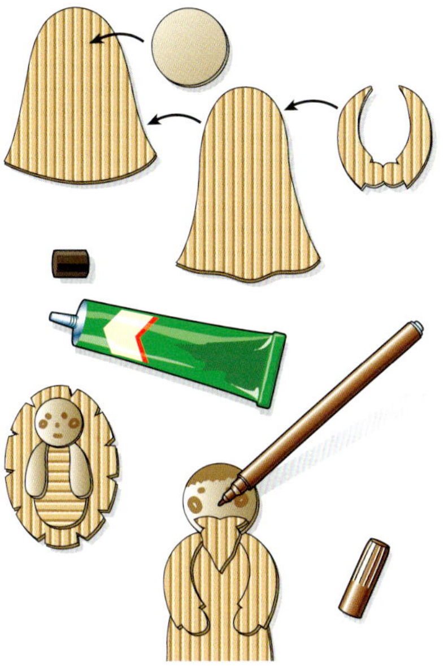

3 Tracer des formes de feuilles au dos du carton ondulé vert. Découper avec des ciseaux cranteurs.

4 Tracer et découper des petits ronds dans le carton ondulé rouge.

5 Coller les trois personnages de la crèche sur une couronne en paille. Laisser sécher puis coller les feuilles. Finir de décorer la couronne en collant les ronds rouges.

Petite couronne

Découper une longue bande de papier crépon de 3 cm de large avec des ciseaux cranteurs. L'enrouler autour d'une petite couronne en polystyrène. Coller le bout. Découper et fixer les éléments de décoration en carton ondulé.

Vœux en couleurs

Matériel

papier de différentes couleurs et matières,
crayon à papier,
règle, colle,
brindille de bois,
crins de balai,
fil marron,
petits pompons de couleurs,
colle pailletée de différentes couleurs,
ruban.

1 Tracer un rectangle de 18 x 27 cm sur du papier. Le découper et le plier en deux.

2 Dessiner les contours de la tête et du corps d'un bonhomme de neige sur du papier blanc. Dessiner les autres éléments du personnage sur des papiers de couleur.

3 Déchirer lentement les formes en les pinçant entre le pouce et l'index pour obtenir des bords un peu irréguliers.

4 Coller le bonhomme sur la carte. Assembler et coller tous les éléments.

5 Couper quelques crins de balai. Les attacher sur une brindille avec du fil marron. Faire une quinzaine de tours en serrant bien et nouer. Coller le balai sur le bonhomme de neige. Laisser sécher.

Photophores

Matériel

pots de yaourt en verre, peinture vitrail bleue, marqueur peinture blanc ou peinture blanche, pinceau, cerne-relief doré, bougies.

1 Laver et bien essuyer les pots de yaourt.

2 Pour le photophore blanc, colorier le fond du pot. Laisser sécher puis colorier en bas du pot un tas de neige irrégulier et des flocons de différentes tailles. Laisser sécher.

3 Pour le photophore bleu, peindre l'extérieur du pot avec la peinture vitrail. Laisser sécher. Peindre directement sur le verre des étoiles à 8 branches avec le cerne-relief. Laisser sécher une nuit.

4 Placer une bougie dans les pots remplis d'un peu d'eau.

Attention : ne jamais laisser de bougies allumées sans surveillance !

Bougeoirs de Noël

Matériel
pâte à modeler autodurcissante,
rouleau à pâtisserie ou bouteille,
couteau,
petite cuiller,
peinture,
pinceau,
bougies.

1 Étaler la pâte avec le rouleau à pâtisserie pour obtenir une plaque de 1,5 cm d'épaisseur environ.

2 Dessiner une feuille de houx à l'aide du couteau. Découper. Former 3 petites boules.

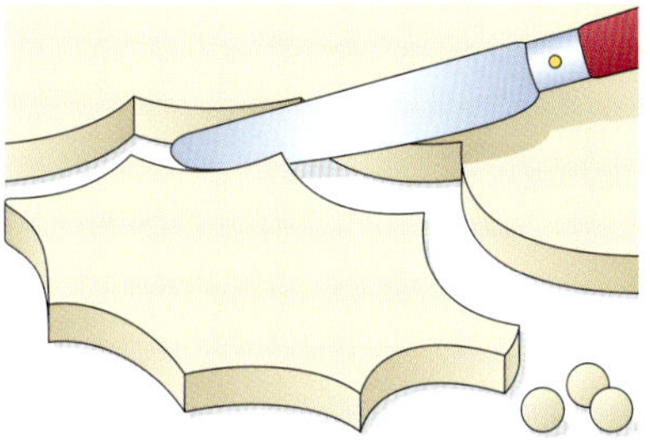

3 Marquer l'emplacement de la bougie au centre de la feuille. Creuser sur 1 cm environ avec une petite cuiller. Lisser et arrondir les bords de la feuille avec les doigts mouillés. Laisser sécher selon les indications du fabricant.

4 Peindre et laisser sécher. Coller les 3 boules rouges. Replacer la bougie.

Attention : ne jamais laisser de bougies allumées sans surveillance !

Sous les guirlandes

Matériel

papier de différentes couleurs, crayon à papier, papier calque ou papier très fin, règle, ciseaux, scotch, patrons page 206.

1 Tracer des bandes de 6 cm de haut sur des papiers de différentes couleurs. Les découper.

2 Choisir un motif et reporter son patron sur le bord gauche d'une bande de papier.

3 Plier soigneusement la bande en accordéon en repliant le papier au niveau des pointillés. Bien marquer les plis et maintenir la bande serrée d'une main.

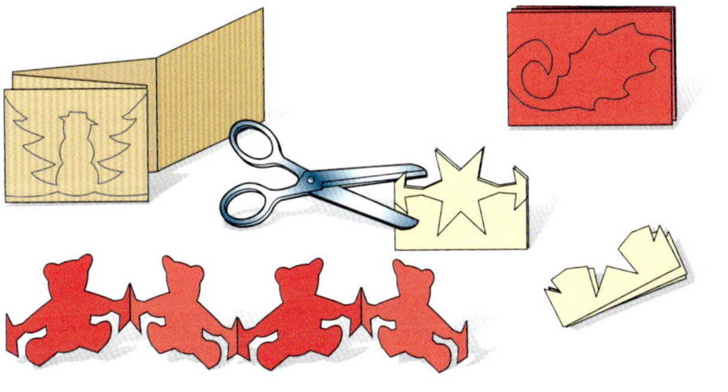

4 Découper toutes les épaisseurs en même temps. Pour que les formes se raccordent, ne pas découper les parties en pointillés. Déplier.

5 Pour faire une longue guirlande, scotcher bord à bord plusieurs frises identiques.

Pour varier les guirlandes, on peut les colorier, ou utiliser des papiers de différentes matières (kraft, crépon, métallisé...).

Senteurs épicées

Matériel

orange, clémentine,
bâtons de cannelle,
anis étoilé,
clous de girofle,
pommes de pin,
couteau à dents,
planche à découper,
raphia, ciseaux,
règle,
aiguille à laine,
four ménager.

Suspension orange

1 Sur une planche, couper des tranches d'orange de 5 mm d'épaisseur environ. Avec l'aide d'un adulte, les faire sécher sur une grille à four très doux (80° C ou th. 2) pendant 4 heures environ.

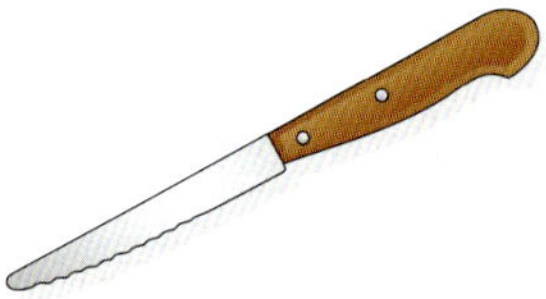

2 Couper un brin de raphia de 60 cm environ. Nouer un bâton de cannelle au milieu. Enfiler les brins dans une aiguille et passer 2 rondelles d'orange. Retirer l'aiguille.

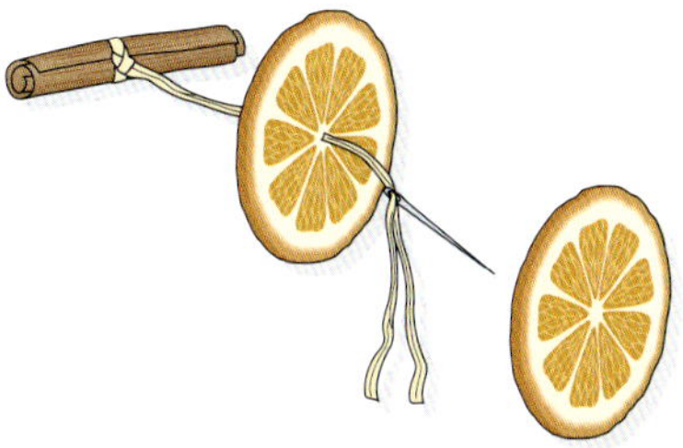

3 Nouer 2 étoiles d'anis l'une après l'autre. Enfiler 2 autres rondelles d'orange. Nouer un bâton de cannelle puis une étoile d'anis. Terminer en nouant les deux extrémités du raphia.

Suspension pomme de pin

Entourer une petite pomme de pin d'un long brin de raphia. Enfiler une rondelle d'orange. Nouer 2 bâtons de cannelle et une étoile d'anis. Nouer les deux extrémités du raphia.

Pomme d'ambre

1 Couper 50 cm de raphia. Enrubanner la clémentine et faire un double nœud. Placer un bâton de cannelle, faire un double nœud. Entourer une étoile d'anis, nouer à nouveau. Nouer les extrémités du raphia.

2 Faire des trous sur la mandarine à espace régulier avec une aiguille. Enfoncer un clou de girofle dans chaque trou. Laisser sécher quelques jours sur une grille au-dessus d'un radiateur ou dans un endroit sec et chaud.

On peut remplacer l'orange et la clémentine par un citron jaune ou vert, et les bâtons de cannelle par des gousses de vanille.

Lutins coquins

Matériel

bouchons de liège : grands et petits, boules de cotillon, feutrine, cure-dents, peinture, pinceau, crayon, règle, coton à broder ou laine, aiguille, couteau à dents, ciseaux, colle.

1 Avec un couteau, couper 2 rondelles de 7 mm d'épaisseur environ dans un grand bouchon pour faire les pieds. Couper 2 rondelles de 6 mm d'épaisseur dans un petit bouchon pour les mains.

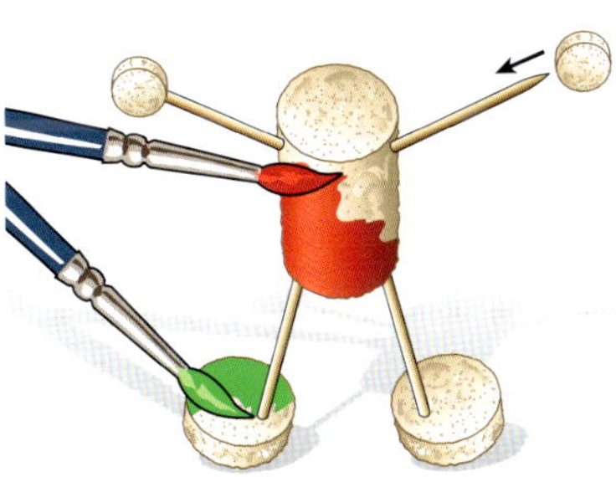

2 Enfoncer des cure-dents encollés dans les rondelles. Les enfoncer ensuite dans un grand bouchon. Piquer un cure-dents encollé dans une boule de cotillon. Peindre les éléments. Laisser sécher.

3 Dans la feutrine, découper un triangle de 8 cm de côté environ pour le bonnet. Tracer et découper une collerette étoilée.

4 Coller la collerette sur le bouchon. Former et coller le bonnet autour de la boule de cotillon. Encoller le cure-dents de la tête et l'enfoncer dans le corps. Laisser sécher.

5 Enfiler un brin de coton à broder de 10 cm environ dans une aiguille. Passer le fil en haut du bonnet. Nouer les extrémités.

En traîneau !

Matériel

21 grands bâtonnets plats (15 cm de long), baguettes carrées de balsa, couteau à dents, 4 grands bouchons de liège, peinture rouge et blanche, pinceau, colle à bois à prise rapide, règle.

1 Coller côte à côte une série de 4 bâtonnets et une série de 3 bâtonnets. Les coller l'une sur l'autre pour le fond du traîneau.

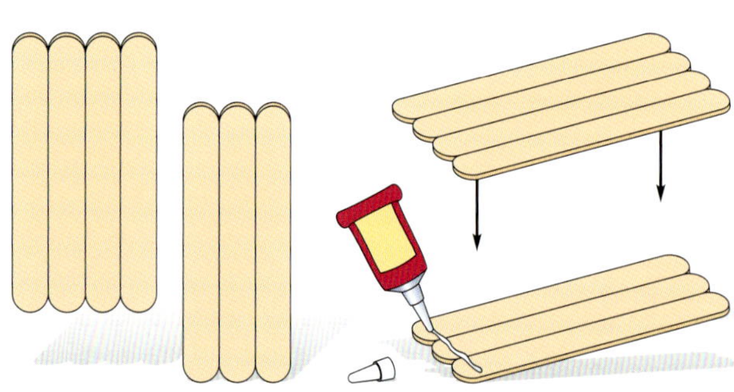

2 Pour les grands côtés, coller 2 séries de 2 bâtonnets. Pour les petits côtés, recouper 8 bâtonnets à 5 cm en gardant un bout arrondi. Coller en 2 séries. Bien laisser sécher.

Pour réaliser une luge, utiliser des bâtonnets plus petits.

3 Coller les côtés sur le fond. Renforcer en fixant des baguettes carrées dans tous les angles. Laisser sécher.

4 Sous le traîneau, coller 2 bâtonnets en les laissant dépasser de 4 cm. Coller 4 bouchons de liège en les centrant bien.

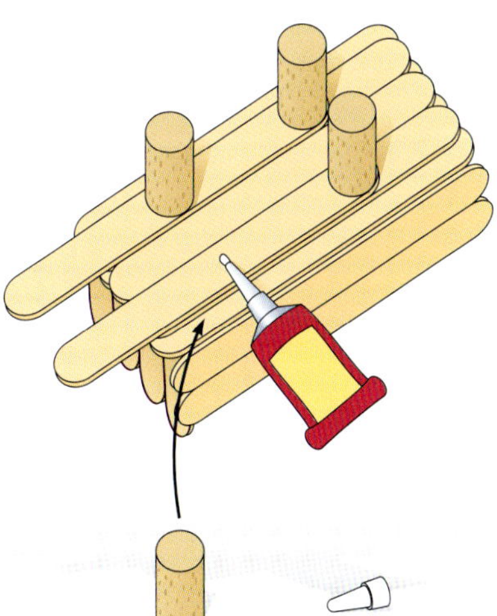

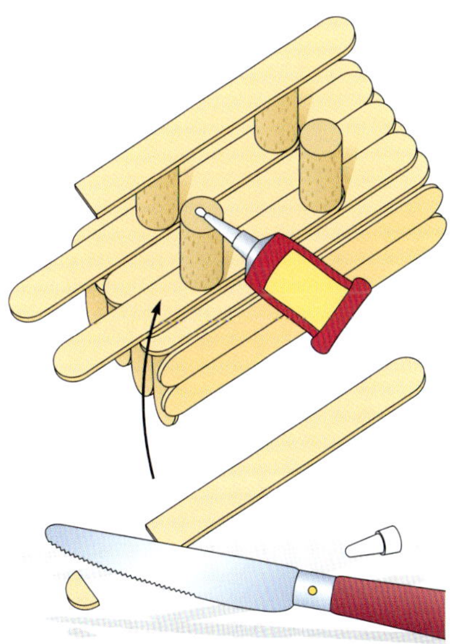

5 Pour les patins, recouper 2 bâtonnets à 14 cm. Les coller sur les bouchons, bout arrondi vers l'arrière du traîneau et à la verticale des autres bâtonnets.

6 Couper 2 bâtonnets de 5,5 cm sans arrondi. Les coller pour relier les deux parties des patins. Bien laisser sécher.

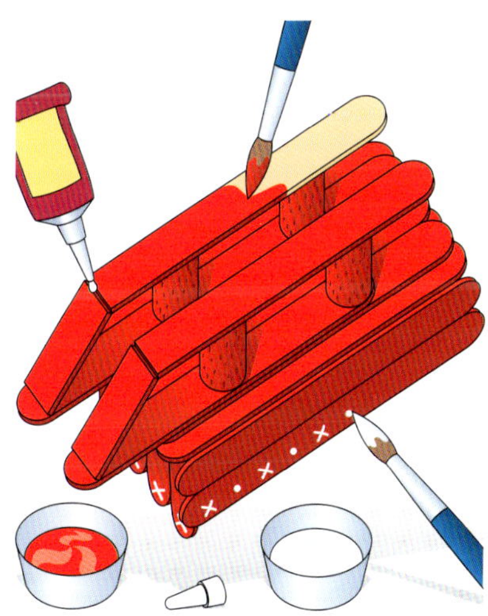

7 Peindre en rouge. Laisser sécher puis décorer avec des petits motifs blancs.

Boules déguisées

Matériel

boules de polystyrène de 8 cm, boules de cotillon, cure-dents, pots de petits-suisses, gommettes noires, bristol, crayon à papier, peinture, pinceau, correcteur blanc, fil de métal fin, fil de fer épais, ruban, ciseaux, couteau, pince coupante.

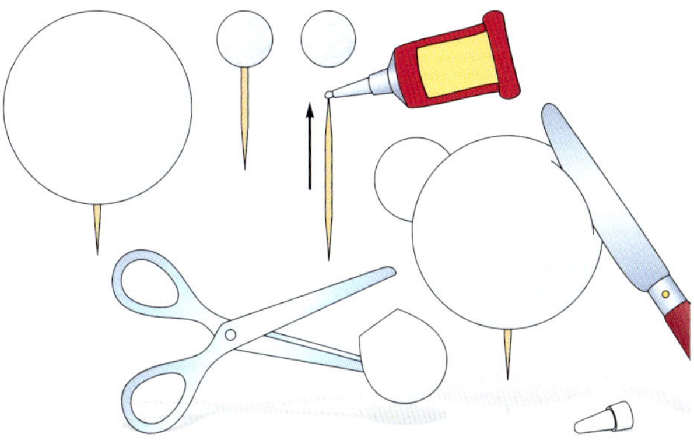

1 Enfoncer des cure-dents encollés dans les boules de polystyrène et de cotillon. Pour l'ours, découper 2 oreilles en bristol. Avec un couteau, faire 2 entailles dans une boule de polystyrène. Enfoncer les oreilles encollées.

2 Peindre toutes les boules ainsi qu'un pot de petit-suisse. Laisser sécher. À la peinture ou au correcteur blanc, dessiner des pupilles sur des gommettes. Coller les yeux et les nez en encollant les cure-dents. Coller le chapeau du bonhomme de neige.

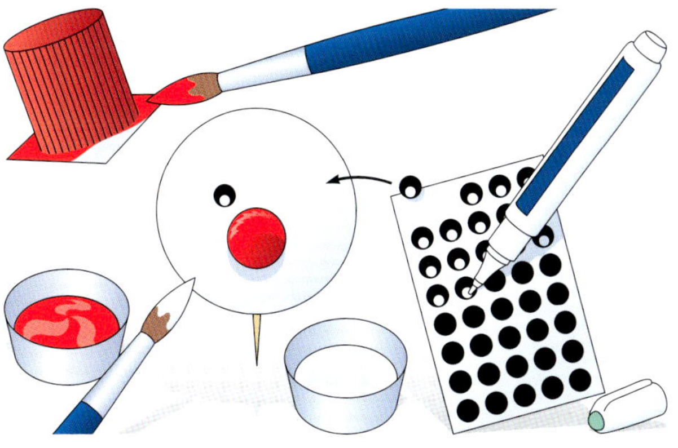

3 Pour l'ange, couper et entortiller environ 20 fils de métal de 10 cm. Les encoller et les enfoncer dans la tête.

4 Nouer et coller des rubans de 35 cm sur les cure-dents. Enfoncer des fils de fer épais encollés de 30 cm pour pouvoir accrocher les boules. Leur donner une forme de ressort.

Petits cadeaux

Matériel

carnet, boîte, joli crayon à papier, carton ondulé de couleurs, ruban, fil de fer, pâte à modeler autodurcissante, peinture, pinceau, ciseaux, couteau, colle.

Carnet

Au dos du carton ondulé, tracer un rectangle aux dimensions de la couverture du carnet (garder les cannelures verticales). Dessiner un sapin, une étoile et des ronds de différentes couleurs. Découper. Coller le rectangle puis tous les éléments de décor sur le carnet.

2 Entourer le crayon d'un ruban encollé. Accrocher les 2 cubes en entourant les fils de fer au bout du crayon. Nouer un autre fil de fer autour des cadeaux pour faire les rubans.

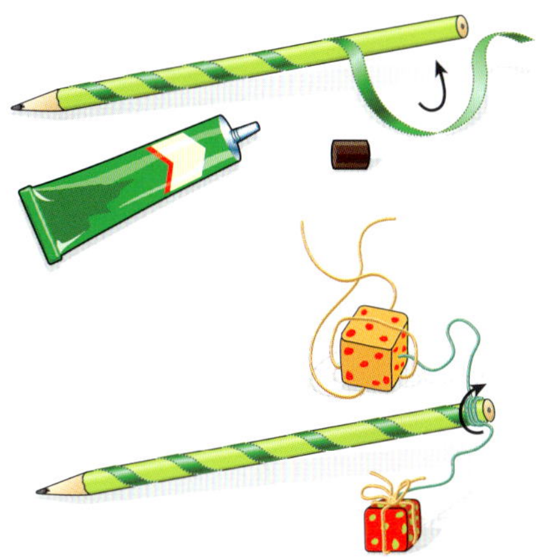

Boîte

Étaler une boule de pâte autodurcissante pour obtenir une plaque de 2 mm d'épaisseur environ. Découper des petites étoiles avec un couteau. Laisser sécher. Peindre la boîte et les étoiles. Laisser sécher avant de coller les étoiles.

Crayon

1 Dans la pâte autodurcissante, modeler 2 petits cubes. Enfoncer dans chacun un fil de fer encollé. Laisser sécher suivant les indications du fabricant. Peindre.

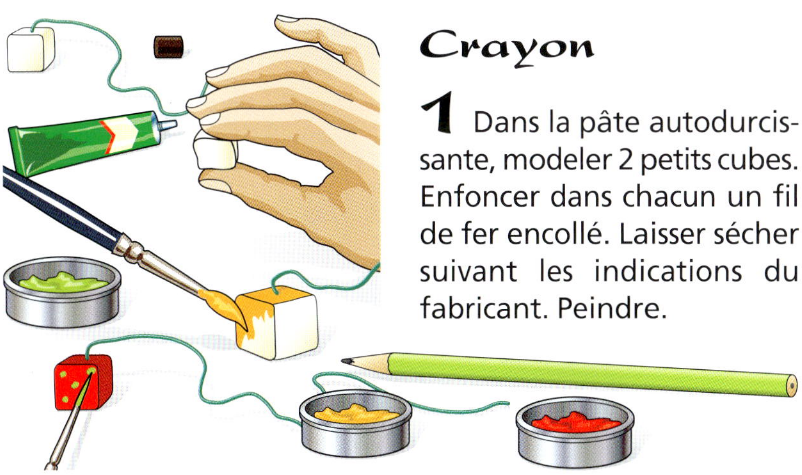

À vos cadres !

Matériel
carton ondulé rouge et vert, papier rouge, vert et or, pompons de couleur, bristol, attaches gommées, crayon à papier, cutter, ciseaux, ciseaux cranteurs, règle, colle, scotch.

Cadres carrés

1 Tracer un carré de 20 cm de côté au dos du carton ondulé rouge. Dessiner une grande étoile au centre. Demander à un adulte de découper et d'évider le carton avec un cutter.

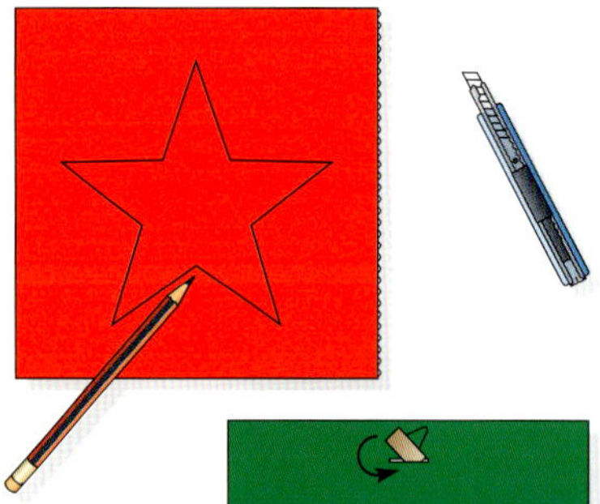

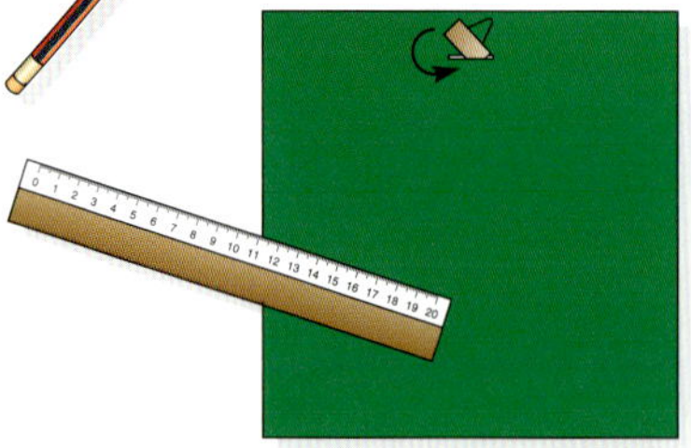

2 Découper un carré de même taille dans du papier vert. Au milieu d'un côté, à 1,5 cm du bord, faire une entaille de 1,5 cm. Enfiler une attache gommée.

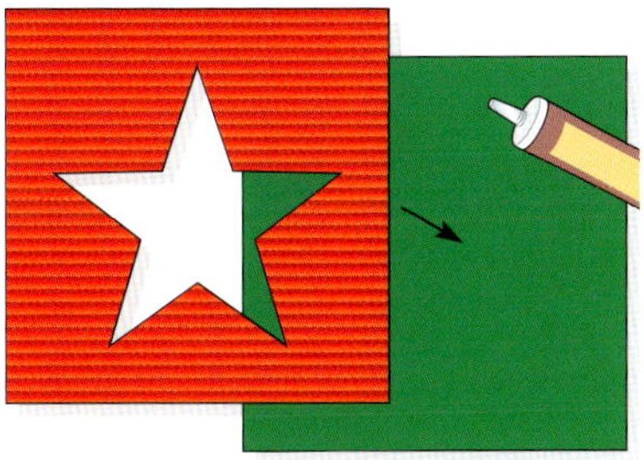

3 Coller le carton rouge sur le papier vert.

4 Tracer un carré de 6 cm de côté sur du papier doré. Découper avec des ciseaux cranteurs. Le fixer au centre de l'étoile. Coller une photo de 5 cm de côté environ.

Et sur le même principe, varier les formes pour réaliser toutes sortes de cadres étonnants !

Cadre sapin

1 Suivant le croquis, tracer un sapin au dos d'un carton ondulé vert et sur du bristol. Demander à un adulte de les découper. Les coller l'un sur l'autre. Faire découper une fenêtre au milieu.

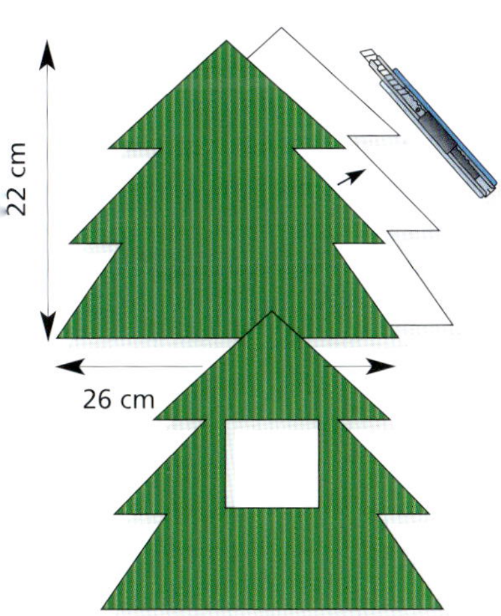

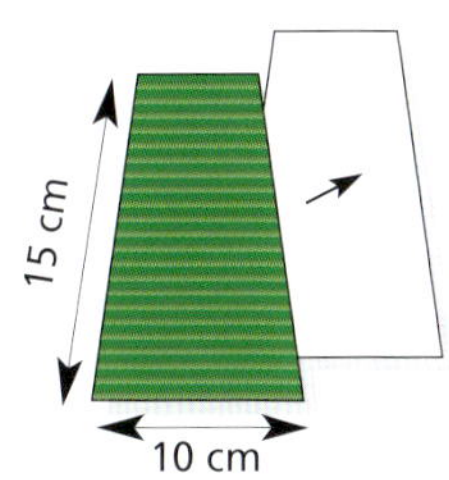

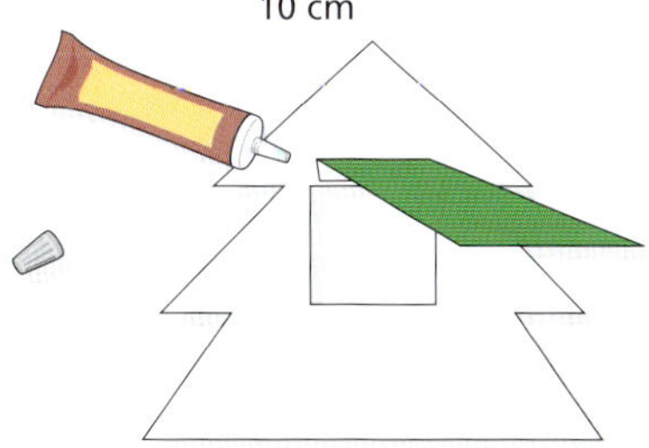

2 Tracer et découper un trapèze de carton ondulé (garder les cannelures horizontales) et de bristol. Les coller l'un sur l'autre. Laisser sécher. Replier le haut du trapèze sur 2 cm. Coller cette languette au dos du cadre pour pouvoir le poser.

3 Décorer le sapin en collant des pompons et une petite étoile dorée. Scotcher une photo au dos du cadre.

Bougies en fête

Matériel

pâte à bougie à modeler de différentes couleurs, mèche pour bougie, ciseaux, cure-dents ou brochette en bois, règle.

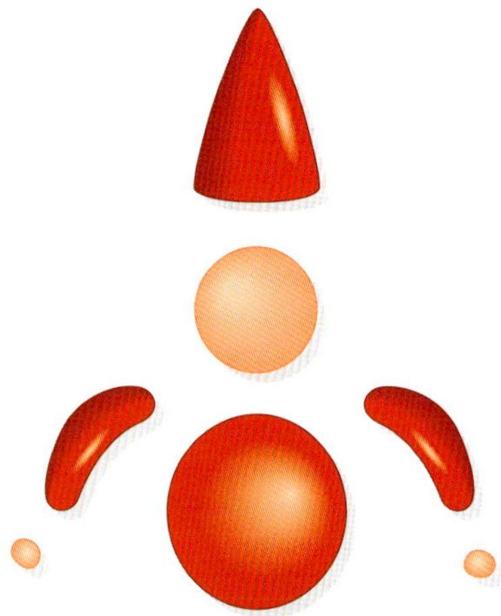

Attention : ne jamais laisser de bougies allumées sans surveillance !

1 Malaxer la pâte à bougie pour l'assouplir. Modeler 2 boules de taille différente pour la tête et le corps, 2 boudins pour les bras, 2 petites boulettes pour les mains et un cône pour le bonnet.

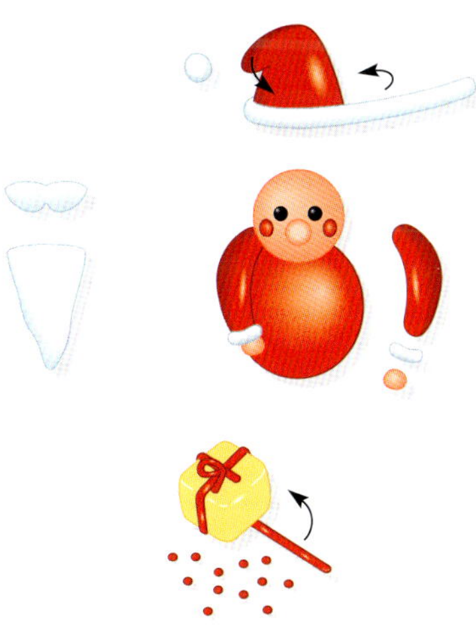

2 Modeler et assembler les autres éléments du père Noël : yeux, nez, joues, moustaches, barbe, fourrure des manches et du bonnet, et pompon.
Pour le cadeau, modeler un cube et un long boudin fin légèrement aplati. Entourer le cube avec le boudin pour faire le ruban et le nœud. Ajouter des petits pois.

3 Aplatir une boule de pâte à bougie blanche et fixer dessus le père Noël et son cadeau.

4 Enfoncer un cure-dents dans la bougie. Couper une mèche de la hauteur du personnage + 1 cm environ. Enfiler la mèche dans le trou à l'aide du cure-dents.

5 Placer les bougies au moins une heure au réfrigérateur avant leur utilisation. Elles se raffermiront et brûleront plus lentement.

Père Noël

Matériel

contreplaqué de 8 mm (50 x 60 cm), papier de verre fin, calque, peinture, pinceau, scotch, crayon à papier, 193 clous de laiton à tête ronde (10 mm), marteau, fils à broder, ciseaux, boule de cotillon, gommettes, croquis page 207.

1 Poncer la planche. Enlever la poussière. Agrandir le croquis du père Noël et le reporter sur un calque en marquant bien l'emplacement des clous. Centrer et scotcher le patron sur le contreplaqué. Reporter les contours sur la planche. Enlever le calque.

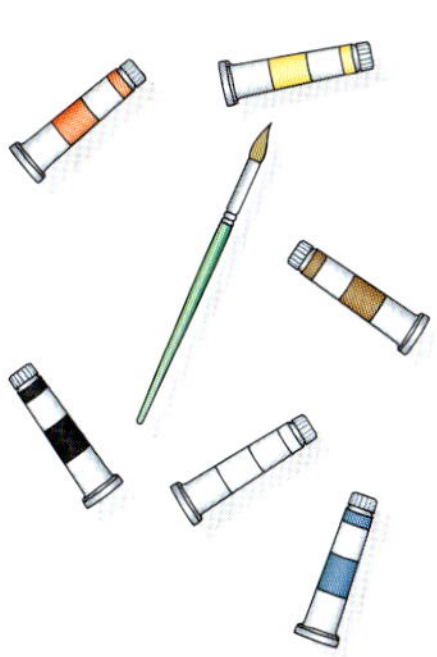

2 Peindre le père Noël, la lune, les étoiles et le ciel. Laisser sécher.

3 Repositionner et scotcher le patron sur la planche. Avec un adulte, planter un clou sur chaque point de repère. Enlever le calque en tirant délicatement dessus.

4 Faire un double nœud avec du fil autour d'un clou. L'enrouler autour de chaque clou en le tendant bien et en suivant le modèle. Pour le père Noël, commencer par le fil jaune. Faire ensuite le contour blanc avant de passer aux petits tracés.

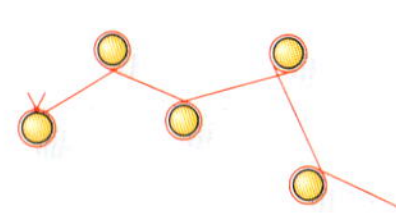

5 Arrêter le fil par un nœud autour du dernier clou. Couper les fils qui dépassent.

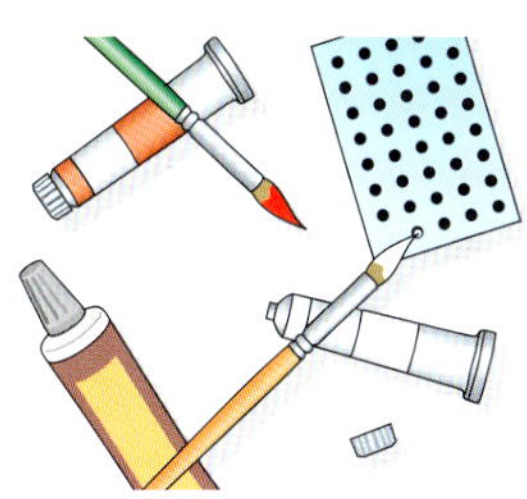

6 Peindre une boule de cotillon. Laisser sécher puis coller sur le tableau pour faire le nez. Peindre des pupilles blanches sur 2 gommettes noires pour les yeux. Les coller.

Couronnes des rois

Matériel

carton ondulé doré,
papier chromolux argenté,
papier cristal
et papier métallisé
de différentes
couleurs, boules de cotillon,
peinture or et argent,
pinceau, crayon à papier,
règle, cutter, ciseaux, colle,
2 pinces à linge, cure-dents.

1 En s'aidant du croquis ci-dessous, dessiner le contour de la couronne au dos du carton ondulé doré.

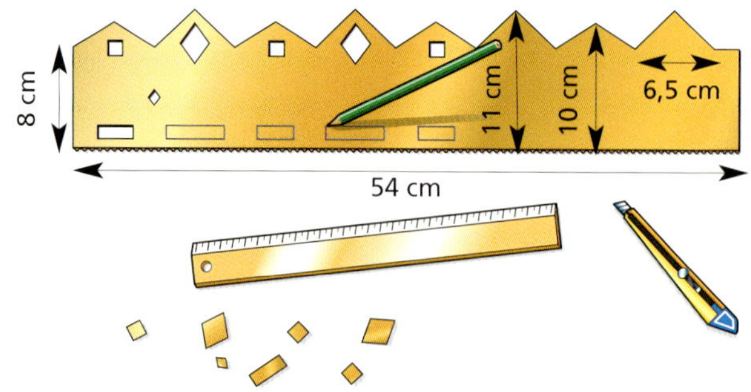

2 Dessiner les formes à évider : carrés, losanges, rectangles... Demander à un adulte de découper la couronne et d'évider les formes avec un cutter.

3 Découper des morceaux de papier cristal de différentes couleurs et plus grands que les formes évidées. Les coller en place en alternant les couleurs.

4 Fermer la couronne à la taille de la tête. Coller et maintenir avec 2 pinces à linge le temps du séchage.

5 Peindre 4 boules de cotillon en doré en les piquant sur un cure-dents. Laisser sécher. Les entailler avec un cutter et les coller sur les quatre plus grandes pointes de la couronne.

Index

A

aimants 152
argile 84, 85
argile autodurcissante 62, 148
attaches en toile gommée 76, 159, 182
attaches parisiennes 108

B

balle 156
barrettes (supports de) 97
bâtonnets plats 176
bois :
baguettes 18, 23, 155, 176
bâtons 108, 112
branches 16
brindilles 116, 166
flotté 111
planche 187
boîtes :
à fromage 64, 86
d'œufs 48, 122
de conserve 106
en carton 83, 90, 94, 108, 122, 126, 156, 180
bolduc 27
bouchons de liège 174, 176
bougies 150, 168, 169
boules de cotillon 64, 89, 90, 155, 156, 174, 179, 187, 188
broche (support de) 84
brochettes en bois 16, 20, 45, 48, 50, 54, 66

C

carton :
d'emballage 13, 23, 27, 28, 60, 92, 111, 120, 163
fin 18, 24, 30, 36, 56, 90, 94, 150
gris 78, 128
mousse 76, 89
ondulé 13, 27, 28, 42, 89, 90, 94, 98, 142, 163, 164, 180, 182, 188
cerne relief 92, 168
chenilles 48, 50, 142, 155
clous 187
colle pailletée 166
coquillages 74, 108, 111, 114, 118, 120, 122, 126
cordelette 27, 84, 85, 122
couvercles en métal 48
craie de couturière 24
crins de balai 166
cure-dents 50, 64, 66, 69, 84, 85, 97, 116, 126, 148, 150, 155, 174, 179, 184, 188

E

élastiques 27, 32, 34, 36, 106, 132, 135, 136
emporte-pièces 62

F

fermoirs à bijoux 97
feutres pour tissu 132
feutrine 16, 23, 24, 132, 135, 145, 174
ficelle 13, 16, 28, 74, 76, 86, 90, 112, 126, 135, 155
fil :
à broder 174, 187
de fer 34, 58, 60, 64, 69, 78, 80, 83, 86, 89, 94, 112, 116, 120, 155, 179, 180
électrique 150
fleurs 111, 125
formes en polystyrène 32, 45, 50, 54, 64, 66, 155, 164, 179

G

galets 74, 105, 114, 122
gommettes 27, 112, 142, 163, 179, 187

L

laine 108, 174
liège (plaque de) 159

M

maquillages 8,138, 139, 140
mousse (plaques de) 74, 97, 112, 136, 145, 152

O

œufs :
en plastique 48
en styropor 45, 50, 64, 66
vidés 45

P

papier :
adhésif de couleur 30, 145
adhésif transparent 125
bristol 76, 92, 146, 155, 179, 182
Cellophane 148
chiffon 125
Chromolux 188
crépon 18, 32, 34, 54
cristal 188
de couleur 14, 20, 23, 24, 28, 30, 32, 36, 38, 48, 56, 66, 78, 89, 94, 97, 102, 106, 114, 120, 132, 146, 156, 159, 166, 170, 182
de soie 106
fort 20, 23, 24, 32, 36, 38, 132, 156
kraft 163
kraft gommé 83, 98, 125, 126, 128
métallisé 188
sulfurisé 46
pâte :
à bougie 184
à modeler à cuire 69
à modeler autodurcissante 52, 58, 66, 73, 80, 86, 116, 120, 150, 169, 180
à sel 8, 46
peinture :
pour tissu 92
vitrail 168
perles 48, 120
pinces à linge 28, 42, 146, 188
plumes 16, 48, 50, 52, 74
pompons 166, 182
pots :
en plastique 52, 89, 112, 179
en terre 62
en verre 78, 168

R

raphia 84, 85, 94, 108, 114, 136, 172
rouleaux en carton :
d'essuie-tout 28
de papier toilette 28, 48, 118
ruban adhésif de couleur 13, 14, 20, 23, 112, 132
rubans 14, 24, 135, 166, 179, 180

S

sable 122, 126
scotch double-face 6,18, 106

T

tarlatane 83
tee-shirt 18, 32, 92
tissu 14, 23, 24, 27, 64, 145
toile cirée 145
tulle 14

V

végétaux 74, 114, 118, 120, 125, 126, 172
Velcro adhésif 94
vernis 105
verre (bouteilles, flacons) 73, 125

Y

yeux mobiles 42, 50, 142

Patrons

pages 18-19

Les patrons sont,
pour la plupart,
donnés à taille réelle.
Cependant, certains
d'entre eux devront
être agrandis par deux,
trois ou quatre.
L'agrandissement
se fera à l'aide
d'un quadrillage ou
à la photocopieuse.

pattes × 2

pages 20-21

milieu de la grenouille
milieu de la chouette

ailes × 2

pages 36-37

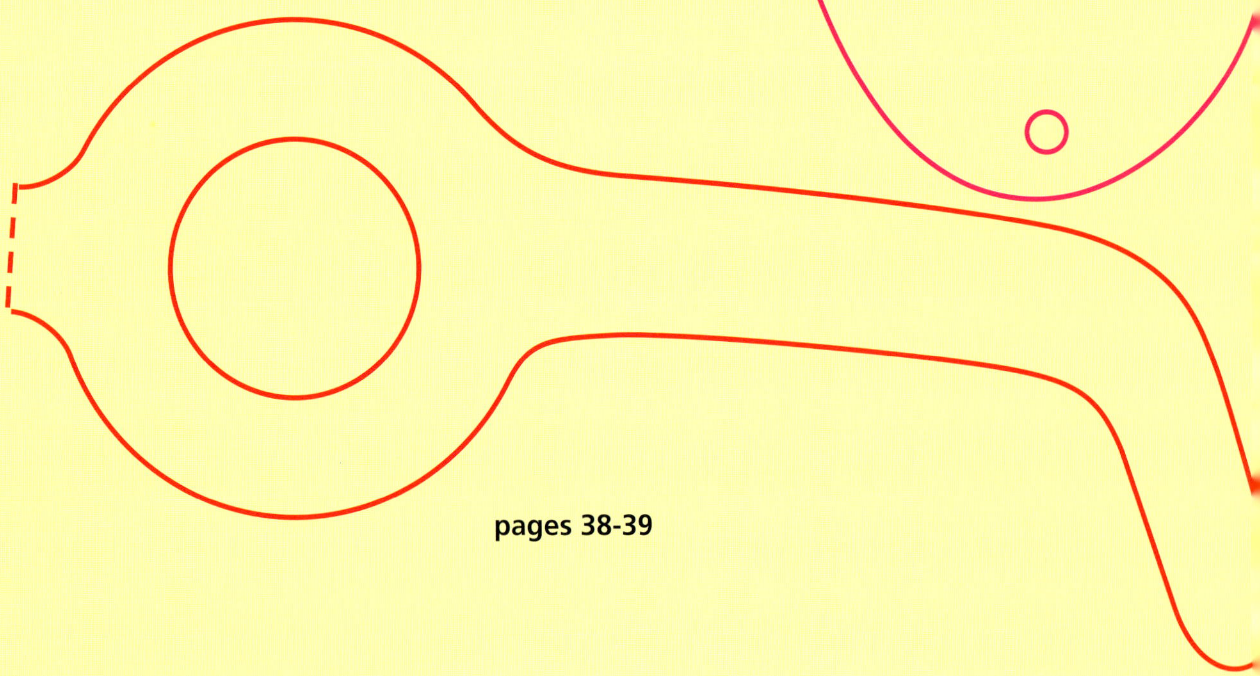

pages 38-39

pages 42-43

pages 56-57

pages 60-61
trompe
oreilles × 2
bec
ailes
crête
oreilles
crête
bec
pages 66-67

pages 74-75

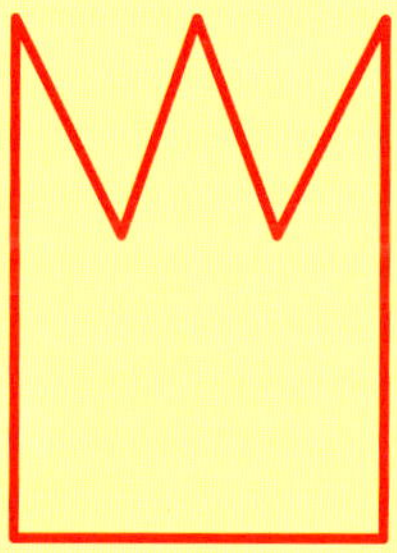

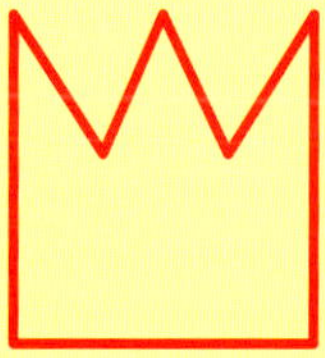

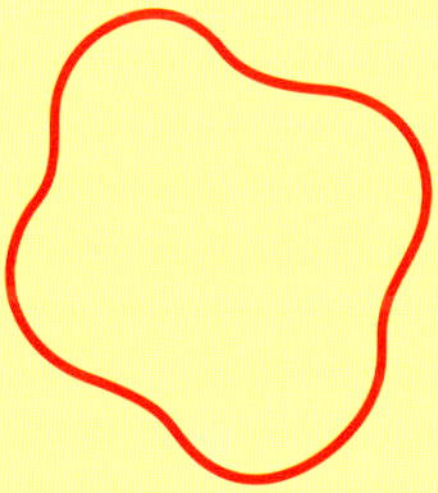

pages 78-79

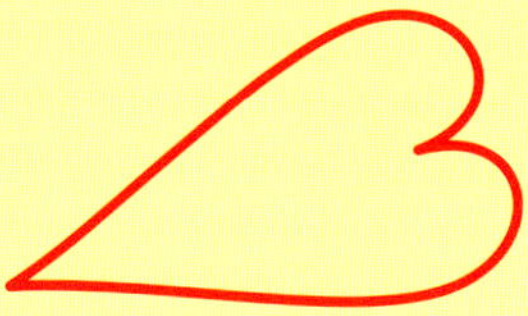

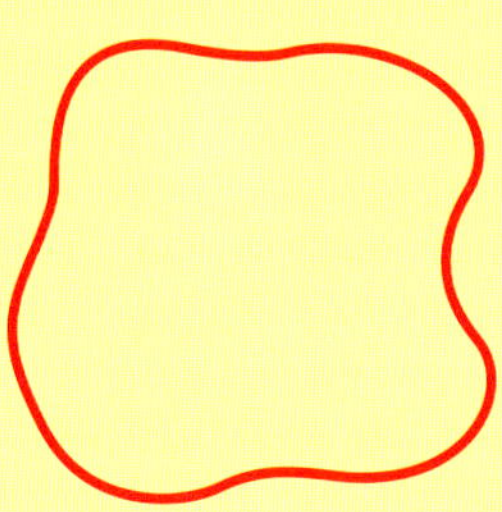

pages 76-77
patrons à agrandir 2 fois

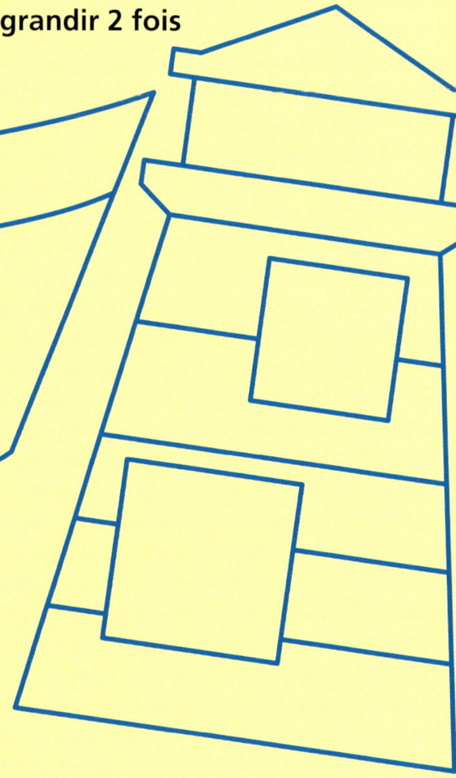

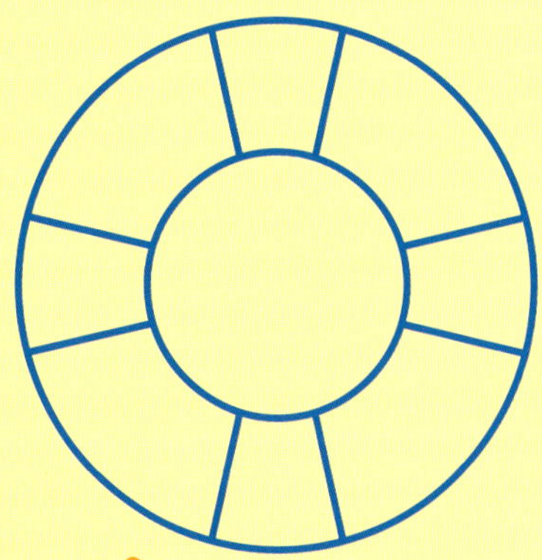

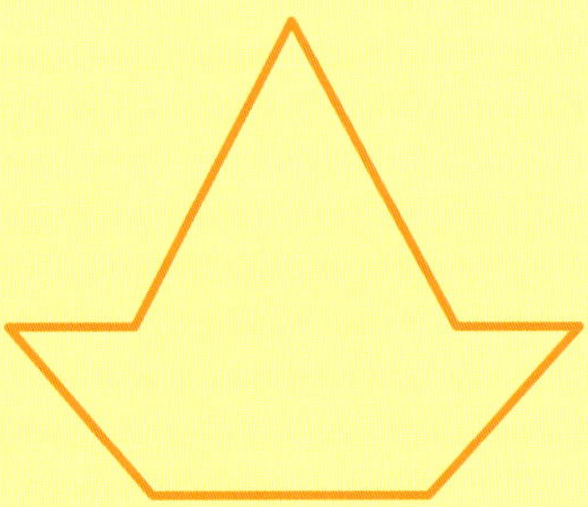

pages 82-83

pages 90-91

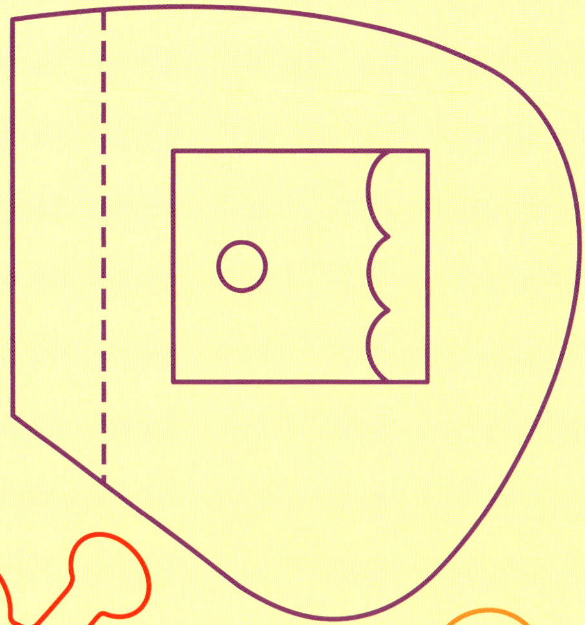

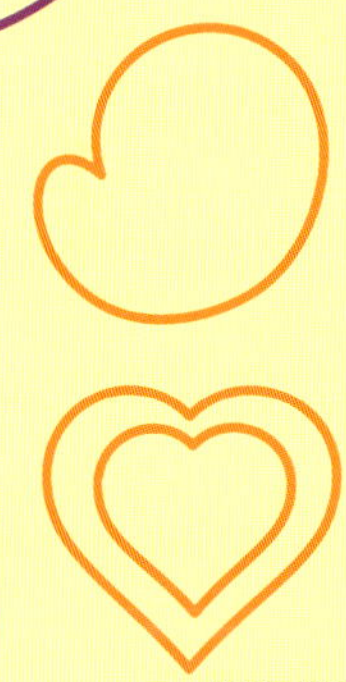

pages 88-89

pages 126-127

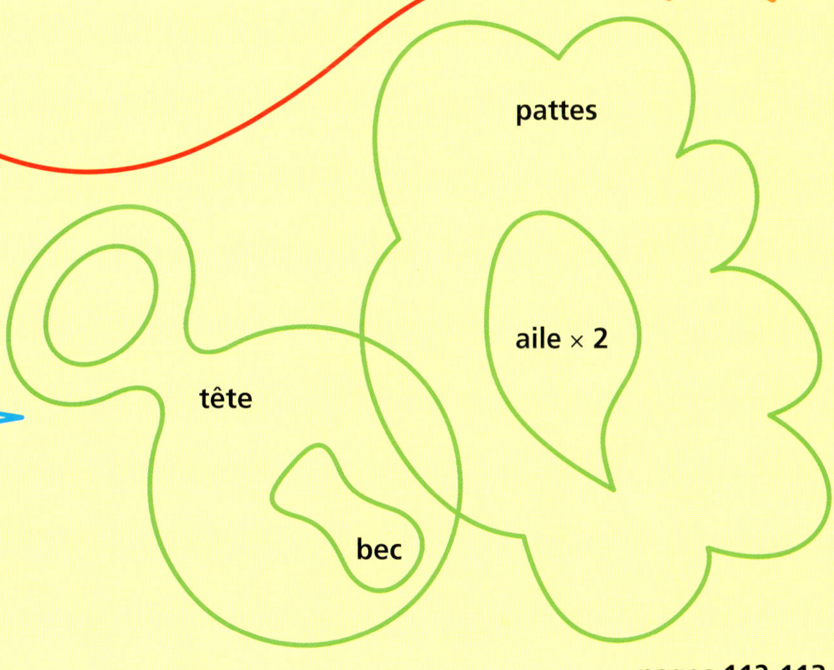

pages 112-113

pages 98-99

pages 128-129

pages 104-105

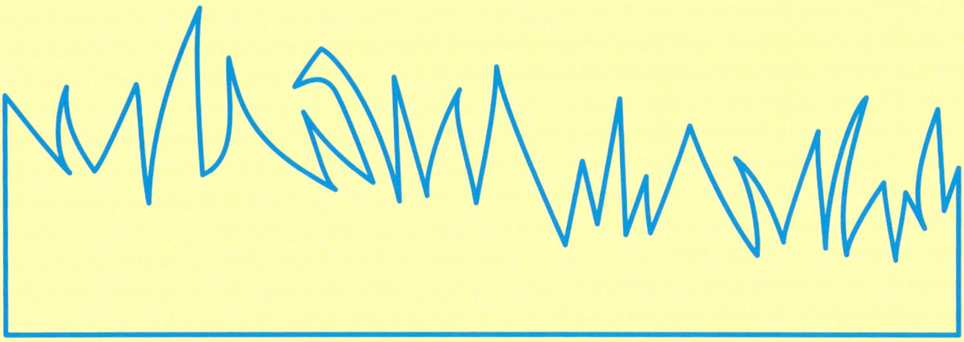

pages 106-107

Les buissons
et le feuillage
sont à agrandir 2 fois

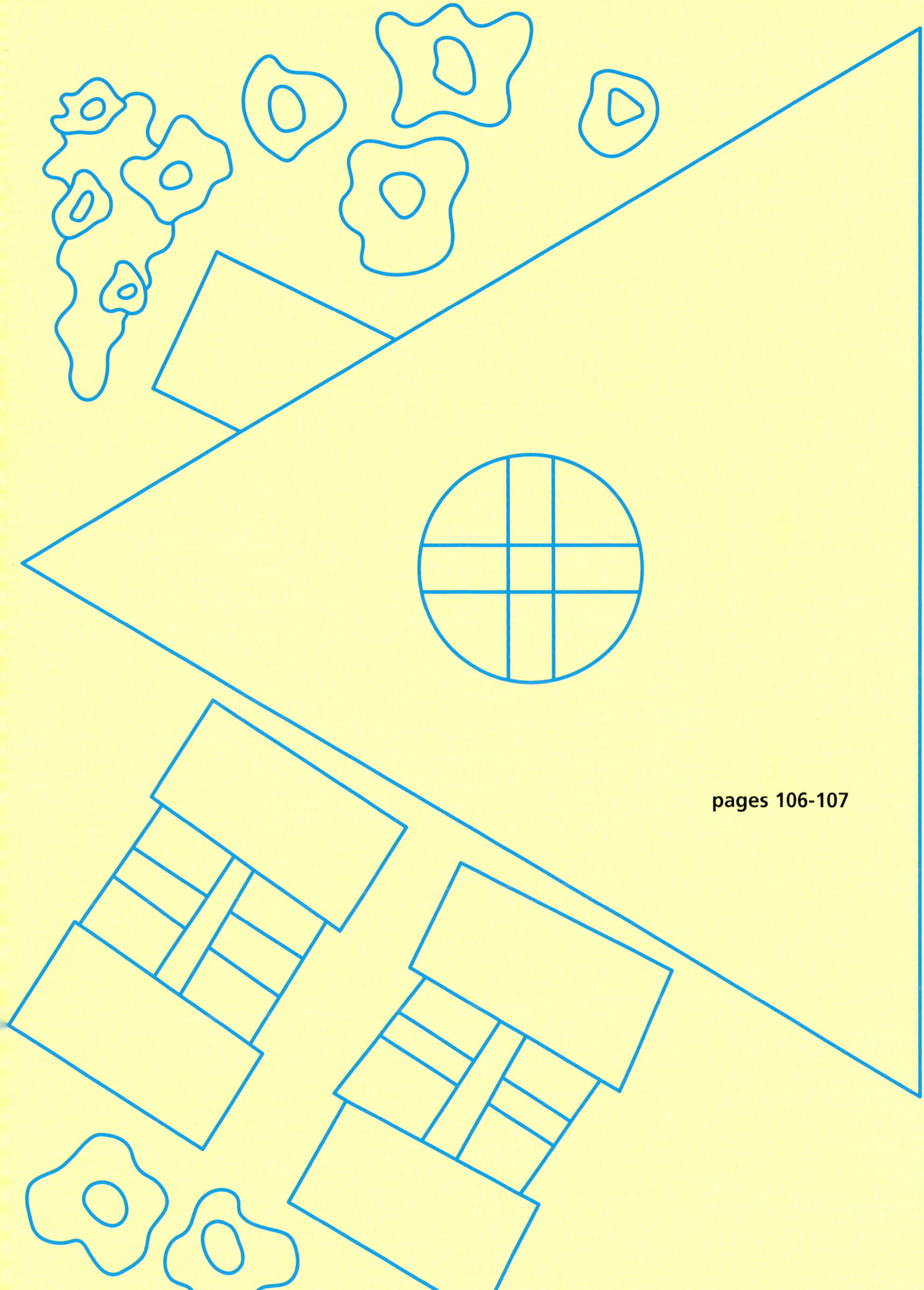

pages 106-107

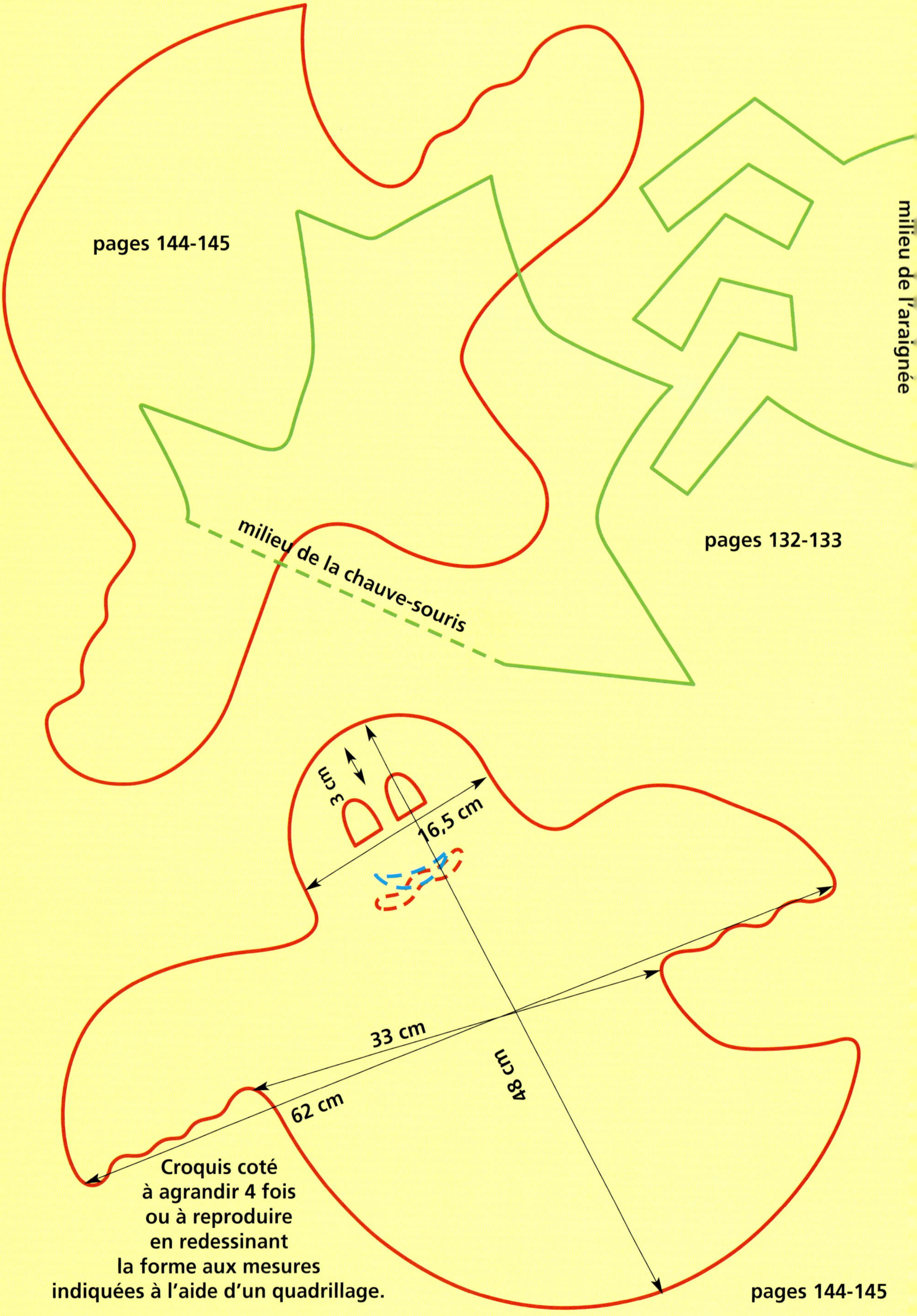
pages 144-145
milieu de l'araignée
milieu de la chauve-souris
pages 132-133
3 cm
16,5 cm
33 cm
48 cm
62 cm
Croquis coté
à agrandir 4 fois
ou à reproduire
en redessinant
la forme aux mesures
indiquées à l'aide d'un quadrillage.
pages 144-145

patrons à agrandir 2 fois

pages 136-137

pages 146-147

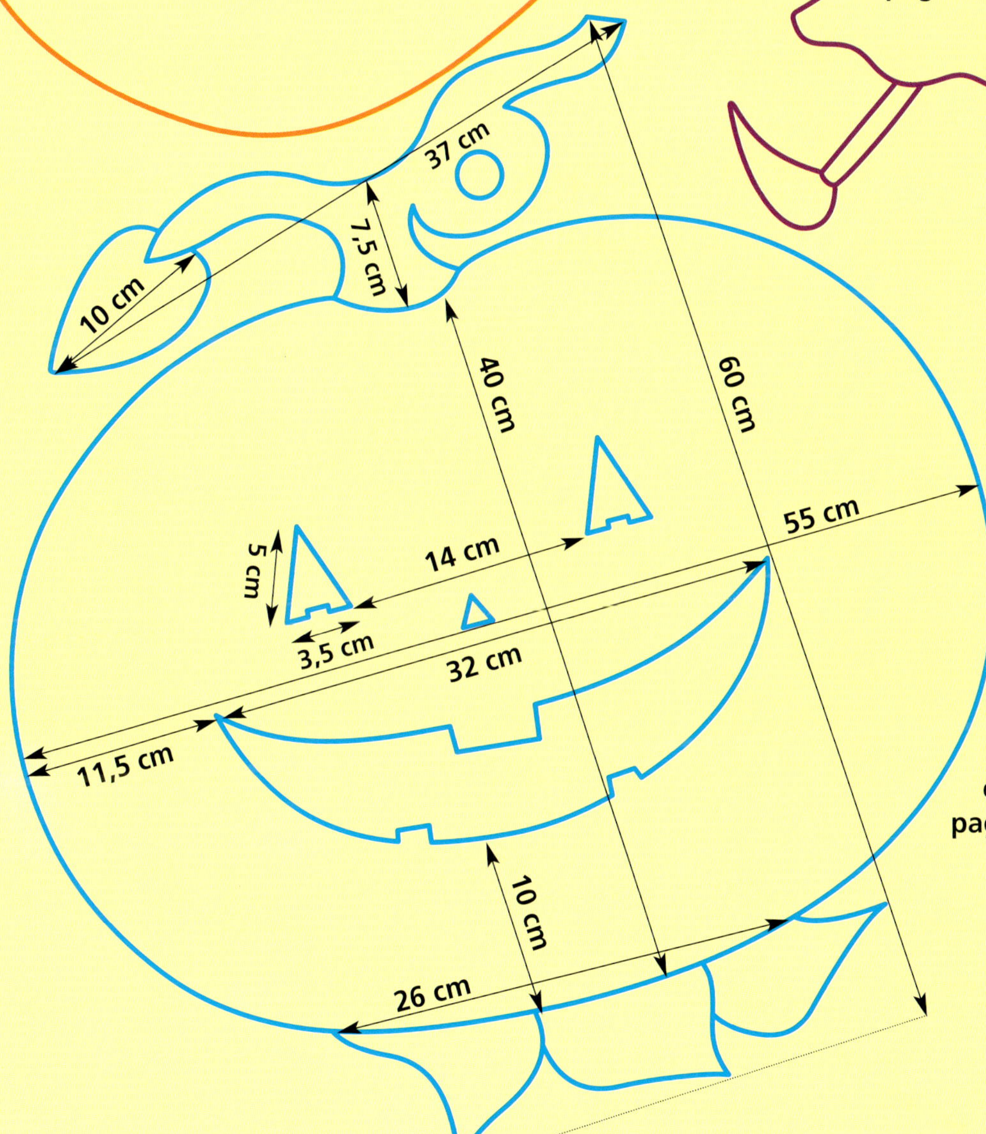

pages 158-159

explications
page précédente

pages 170-171

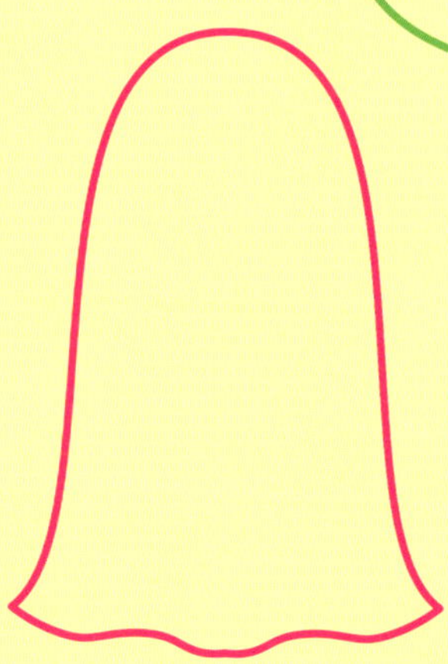

pages 164-165

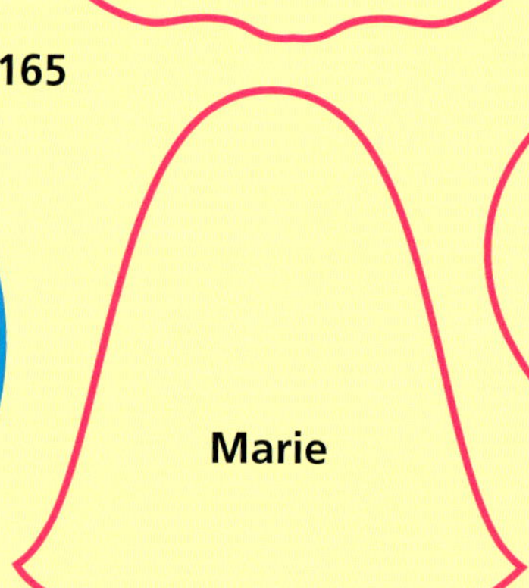

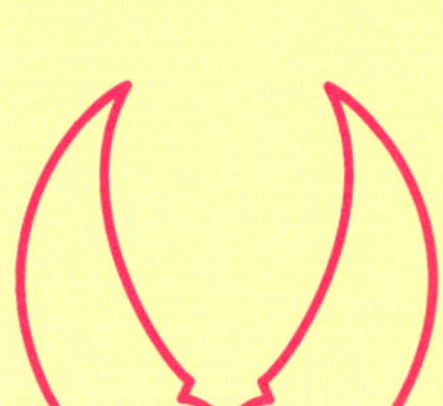

Croquis à agrandir 3 fois

pages 186-187

Ont participé à cet ouvrage :

Réalisations :

Nathalie Auzeméry
pages 136-137, 144-145, 152-153, 158-159, 166-167, 168-169, 182-183, 188-189.

Maïté Balart
pages 12-13, 14-15, 16-17, 22-23, 42-43, 46-47, 50-51, 54-55, 62-63.

Marie Enderlen-Dubuisson
pages 76-77, 82-83, 84-85, 92-93, 98-99, 104-105, 124-125, 126-127, 128-129.

Karin Jeanne
pages 72-73, 74-75, 78-79, 80-81, 86-87, 106-107, 110-111, 114-115, 118-119, 122-123.

Hélène Leroux-Hugon
pages 18-19, 20-21, 24-25, 30-31, 36-37, 38-39, 44-45, 56-57, 58-59, 66-67.

Vanessa Lebailly
pages 26-27, 28-29, 32-33, 34-35, 48-49, 52-53, 60-61, 64-65, 68-69, 102-103, 108-109, 112-113, 116-117, 120-121, 138-139, 140-141, 142-143, 146-147, 150-151, 154-155, 174-175, 178-179, 180-181, 186-187.

Valérie Revol
pages 88-89, 90-91, 94-95, 96-97.

Natacha Seret
pages 132-133, 134-135, 148-149, 156-157, 162-163, 164-165, 170-171, 172-173, 176-177, 184-185.

Illustrations en infographie :

Laurent Blondel, Yannick Garbin
pages 5, 6-7, 8-9, 74-75, 78-79, 82-83, 98-99, 106-107, 110-111, 114-115, 128-129, 140-141, 150-151, 156-157, 158-159 et les patrons des pages 191 à 207.

Duo-Design
pages 122-123, 124-125.

Domino
pages 132-133, 134-135, 136-137, 142-143, 144-145, 148-149, 152-153, 154-155, 172-173, 182-183, 184-185, 186-187.

Nathalie Guéveneux (Domino)
pages 80-81, 84-85, 86-87, 88-89, 90-91, 94-95, 102-103, 104-105, 108-109, 112-113, 126-127.

Catherine Hélye
pages 12-13, 16-17, 20-21, 22-23, 30-31, 36-37, 38-39, 42-43, 56-57, 58-59, 60-61, 62-63, 66-67, 68-69, 166-167, 168-169, 176-177, 178-179.

Léonie Schlosser
pages 14-15, 18-19, 24-25, 26-27, 28-29, 32-33, 34-35, 44-45, 46-47, 48-49, 50-51, 52-53, 54-55, 64-65, 72-73, 76-77, 92-93, 96-97, 116-117, 118-119, 120-121, 138-139, 146-147, 162-163, 164-165, 170-171, 174-175, 180-181, 188-189.

Illustration de couverture : Line Tship

Photographies : Dominique Santrot

Conception graphique : Isabelle Bochot

Conception de la couverture : Julie Mathieu

Mise en page : Tryptique

Direction éditoriale : Christophe Savouré et Guillaume Pô

Directeur de création : Laurent Quellet

Direction artistique : Armelle Riva et Thérèse Jauze

Édition : Valérie Monnet

Fabrication : Marie Guibert

Photogravure : IGS

Achevé d'imprimé à Singapour par TWP

Dépôt légal : septembre 2010
ISBN : 978-2-215-09194-3
N° d'édition : P10067

Loi n° 49-956 du 16 juillet 1949 sur les publications destinées à la jeunesse.